打開天窗 敢說亮話

WEALTH

天窗出版

期權制勝

指數期權快速上手18課

最新增訂版

金曹 著

目錄

第一部分
認識期權基本部署

第一課
學識期權四招
升市跌市都賺錢......20

第二課
投資期權的
具體操作......46

第三課
對期權的
三個誤解......62

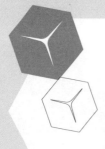

第二部分

修煉進階期權策略

推薦序

金融策略師協會成立的宗旨其中是匯聚金融業內精英，並希望與時並進豐富和增進金融知識，期權投資策略千變萬化，要找到一名良師並不容易，我非常幸運地認識金曹老師，邀請他為本會的顧問及提供一系列課程予本會會員，實為會員之福，特此鳴謝。

期權策略繁複，要寫一本童叟皆曉的工具書殊非易事，要功力深厚才能做到，由於金曹老師擁有十多年期權實戰經驗，對他來說只是輕而易舉之事，書中由淺入深並舉了大量實例，舉一反三令人易明易讀，難怪一上書架便榮登暢銷榜冠軍，市場已充分肯定無容置疑。金曹老師已承諾將來會跟本會緊密合作，共同開發國內和東南亞市場，令更多人受惠。

周浩雲博士
特許金融策略師協會創會主席

推薦序

在廿二世紀的今天若果只持有刀和劍去打仗，一定敵不過新式的裝備，在現今的金融市場裡，只懂得買和沽股票而不懂得其它衍生工具，便如只持有刀和劍去打仗一樣，勝負一早已寫在牆上。期權是一種工具如戰鬥機一樣，令戰爭由地面變成立體，若懂得期權盤路，會對大市的走勢更加清晰。

雖然坊間有不少人寫期權書籍和作教學，但很多只是紙上談兵，把外國的書籍翻譯並套以香港的例子，並不是實戰的經驗，只知道理論的東西一旦付諸實行便會出亂子，能夠每天都有買賣和經歷過無數次市場大上大落而仍然生存者，這人肯定掌握著市場的智慧。而又肯寫書和教學的人少之又少，金曹 Sir 是一個肯和人分享的的老師。

我和金曹 Sir 同台出席無數演講及制作了不少視頻教學，他沒有嘩眾取寵走偏峰或故弄玄虛，不搞偶像崇拜去謀利，反而是踏踏實實希望更多人認識期權，令我敬佩他的熱情和執著，往後已計劃和金曹 Sir 一同闖出香港面向神州，令更多同胞了解期權，為中國的金融業出一分力。最後祝本書洛陽紙貴再次成為金融工具書榜首，延續傳奇。

邵志堯
資深測量師
江西財經大學客座教授

練好工夫
才好落場

認識金曹相當長時間了，從做網上朋友，到見面談天，都覺得他做人做事十分認真。他做一件事，就要做到最好。

就如他研究期權，就用足心機，睇通睇透，成為專家，開班授徒。今次出書講期權，我也很有興趣拜讀。

香港期指和期權市場，都是大戶的遊樂場。大戰場是期指，小戰場是期權，期指輸得大，在大市突然轉向前夕，都會在期指市場，看到大戶的足跡。

期權是小戰場，大戶未必借期權來落大注，他們除了用期權來對沖之外，更多時候是扮演莊家的角色，沽出期權，和不大懂得玩的散戶對賭。散戶未學好工夫，就去賭期權，想刀仔鋸大樹，都是易輸難贏。

我建議大家落場前，先買金曹這本書看看，練好心法，才下注碼，不要在期權這個賭場中，作無謂的犧牲。

陸羽仁
《頭條日報》專欄作者

推薦序

我和金曹認識多年，因為工作關係結緣，大家都是期權交易的愛好者，一談起期權操盤，就可以談足半天。

我們曾經一起舉辦過期權講座和課程，向散戶傳授期權操盤的方法，不過就我們的觀察所見，散戶要真正掌握這一門功夫原來並非易事。最關鍵的問題，不是源於期權的運作原理，而是在於散戶的操盤心態。很多散戶本身已經有多年的股票和期貨投機經驗，到接觸期權的時候，自然也會把期權融入於自己本身的操盤方法當中，這是正常不過的。但期權講求的是長線操盤回報，而並非單一次投機的表現，有些散戶永遠理解不到這個概念，甚至連風險都懶得去管理，自然無法長期獲利。

金曹經常掛在口邊的一句說話是「萬種行情歸於市」，他和我同樣相信人類的恐懼、貪婪心理始終都會重複出現，因此作為操盤手最終都要面對自己的心理，只有能戰勝自己，才能成為最終贏家。

祝金曹Sir新書一紙風行！

歐陽一心
《期權投機客獲利手帳》作者

自序

《期權制勝》在2015年中開始寫作，當時可說是多事之秋。A
股滬綜指由2014年3月低位1974.39整固，到2014年11月由
2400水平急升到2015年6月頂部5178.06點不夠一年便極速
完成了只有約一年多的牛市，上升了約2.2倍。2015年投資者
經歷了7月A股融資爆破大型股災，8月811人民幣匯改，12月
美國聯儲局啟動加息及2016年A股正式啟動期指融斷機制。A
股由高位5178.06又跌到2016年2月的2638.96點見底，差不
多打回原形。但港股卻神奇的在2016年2月見到重要底部支持
18278.8，之後在12月見重要底部支持21488，便發力向上，
第一季高位破歷史記錄在2017年連升11個月，最高見30199
點，全年大升36%。果真應驗「牛市生於憂患」的講法。

2017年港股大升有三大利好港股因素交疊，包括：

1，2017年國內PMI持續擴張、企業盈利有增長，預期中國
GDP可穩守6.5%，有基礎因素支持；

2，深港通在2016年開通之後保留每日210億人民幣南向資金
限額但取消了整體的上限，國內資金源源不絕流入港股，單是

2017便超過3000億元人民幣，2018年新年開市後仍然流入，估計是看好6月A股被納入MSCI國際指數後的表現；

3，歐美股市多年上升，預期市盈率已高達20倍的歷史高位，而恒指在3萬點水平也大概是13倍多點，仍低於長線平均14倍。突破三萬點心情上是偏高但其實在全球資產價格水平仍屬低水。

在網上經常有朋友不斷追問目標價支持位這類問題。其實投資市場每天變化，別人給的觀點隨時會變，而且眾說紛紜也不知可以相信哪一位。據初版的網上留言，最受關注的是第六課「從引伸波幅看期權莊家的底牌」。操作期權最簡單的操作方法是不斷留意收市價或成交量加權平均（VWAP）的變化。當股價下跌，跌幅由上月收市價計多於近期最高引伸波幅除以3.464，可能已找到重要支持位。

經驗之談，在市場操作最重要專心觀察大戶何時大手加倉（大市成交、期指、期權、牛熊證及沽空數據都要同時分析）、特別需要關注出現裂口升跌之後兩三日之後恒指引伸波幅VHSI（窩）的變化，因為大戶作出大手部署之後，通常會有後著拉開恒指約500點向對自己有利的方向走。由於期權莊家對市場資訊反應極快，所開出的引伸波幅基本上即時反映市場的恐慌程度或對Long Put對沖市況急跌的需求。每個交易日尾市3pm之後接近收市，如恒指及一眾權重股仍然下跌，但引伸波幅反而見到收縮，所謂「跌市縮窩、不用驚慌」，小心計算跌幅是

否已到達預計間距。例如：即月引伸波幅最高是15%、恒指上月收30400點，即月升幅或跌幅如滿足了30400x15%/3.465＝1316點應已經差不多足夠，價跌但縮窩可能是反映淡友趁低平倉，如配合期指期權倉位分析會更有把握捕捉每月低位。

第二版能順利完成，要特別感謝天窗出版社團隊加班努力，以及金曹團隊蔡德賢、溫子軒及單嘉業三位成員收集及分析海量的數據。謹將本書送給在我人生高潮與低潮也對我不離不棄，堅持長線持有的太太Amy。

第一部分

認識期權
基本部署

學識期權四招
升市跌市都賺錢

第一課
學識期權四招
升市跌市都賺錢

買股票（正股）想賺錢只有一招，需成功等低位出現時買入，再等股價上升或派息才能獲利。而其中只有長短線之別：一是短線操作，跟勢低買高賣，波幅中賺差價；二是長線投資，耐心等待股價周期低位才撈底買入，長線持有等待升值和派息。這兩招各有擁護者，亦可自行決定短炒長揸比率。

期權則是全天候投資工具，預計某股票或指數升，可Long Call（買入認購期權）；預計跌，可Long Put（買入認沽期權）；預計悶局，則可用低行使價Short Put（沽出認沽期權）或Short Call（沽出認購期權），學做莊家收取期權金。

識操作期權四招，任何市況皆有相應策略增獲勝概率，亦可作為對沖持股下跌之風險。

 ## 何謂期權？

期權（Option）其實是一種有期限的金融合約，每份合約有到期日由結算公司計算期權合約的盈虧。一般來說，期權之價格跟從標的物（Underlying Object）之價格升跌而改變。標的物可以是股票、指數、貨幣、商品、債券及利率。期權分為認購期權（Call Option）及認沽期權（Put Option）兩種。

本港指數期權是歐式期權、持倉者只能在到期日以現金交割，而本港股票期權是美式期權、持長倉者可以在到期日或之前任何一個交易日行使權利，要求以股票實物交割。

而期權亦是關於決定權的合約，合約持有人擁有決定權，自由決定是否行使相關買賣。換言之，認購期權的買家，有權利以行使價（預先設定的價格）在合約到期日或之前買入標的物；而認購期權的賣家被行使期權時，有責任以行使價在合約到期日或之前賣出標的物。

同一道理，認沽期權的買家有權利以行使價（預先設定的價格）在合約到期日或之前賣出標的物；而認沽期權的賣家被行使期權時，有責任以行使價在合約到期日或之前買入標的物。

學習期權，就是學習透過買賣認購期權和認沽期權來賺取利潤。不過，期權是槓桿性投資，控制不當，虧損也放大，一定要先學習後投資。新手初接觸期權，千萬不要急於嘗試複雜的策略，應從最簡單的招式入手，花數天時間學習理論，再實踐兩、三個月，便會較容易掌握進階的技術。

股票期權　掛鉤80多隻股票

香港常見的期權有兩類標的物——指定之股票及指數，故可分為股票期權和指數期權（期指）兩種。本書是講解香港指數期權的操作，而指數期權（Index Option）標的物一般是指恒生指數或國企指數。能夠透過買賣指數期權CALL Option和

PUT Option來賺取利潤,其實就是要對指數的升跌趨勢和速度有把握。

股票期權採用美式行使方式,可隨時行使,實物交收,操作上跟買股票差不多,只不過預先規定了行使價。現時香港有80多隻股票可供買賣期權(詳見圖表1.1),最新指定股票名單可見港交所網頁:https://www.hkex.com.hk/chi/prod/drprod/so/classlist_so_c.htm。

如Long Call 2018年1月460元騰訊(0700),付出期權金5.19元,若騰訊升上470元,期權金將漲至20.01元,可以平Call套利每股14.82元,每張合約100股賺1482元;也可以通知經紀行使Long Call,以460元買入正股,比市價低10元,但扣除付出的5.19元期權金,行使較平倉所賺為少,少了那些其實是時間值。通常投資者喜歡在公布業績前開Long Call,選的行使價與股價差距約2.5%至3.5%,如業績有驚喜,便達到以小博大的目的。

 ## 指數期權　掛鈎兩大指數

指數期權則採用歐式行使方式,是買賣雙方根據港交所的條款所規定的金融合約,只能在到期日行使,而且是現金結算。香港指數期權主要有三種:恒生指數期權(HSI Index Option)、H股指數期貨及期權,以及小型恒生指數期權,當然最高交易量為恒生指數期權。

🌐 圖表1.1　可供買賣的股票期權名單
1）股票期權的合約買賣單位多於一手正股股數

號數	股票編號	正股名稱	HKATS代號	合約買賣單位（股數）
1	175	吉利汽車控股有限公司	GAH	5,000
2	823	領展房地產投資信託基金	LNK	1,000
3	1113	長江實業集團有限公司	CKP	1,000
4	1288	中國農業銀行股份有限公司	XAB	10,000
5	1299	友邦保險控股有限公司	AIA	1,000
6	1336	新華人壽保險股份有限公司	NCL	1,000
7	1339	中國人民保險集團股份有限公司	PIN	5,000
8	1359	中國信達資產管理股份有限公司	CDA	5,000
9	1816	中國廣核電力股份有限公司	CGN	10,000
10	1918	融創中國控股有限公司	SUN	2,000
11	1988	中國民生銀行股份有限公司	MSB	2,500
12	2007	碧桂園控股有限公司	COG	5,000
13	2018	瑞聲科技控股有限公司	AAC	1,000
14	2238	廣州汽車集團股份有限公司	GAC	4,000
15	2601	中國太平洋保險（集團）股份有限公司	CPI	1,000
16	2822	CSOP 富時中國 A50 ETF	CSA	5,000
17	2823	iShares 安碩富時 A50 中國指數 ETF	A50	5,000
18	2827	標智滬深 300 中國指數基金	CS3	1,000
19	2828	恒生 H 股指數上市基金	HCF	1,000
20	3188	華夏滬深 300 指數 ETF	AMC	2,000
21	3333	中國恒大集團	EVG	2,000
22	3800	保利協鑫能源控股有限公司	PLE	5,000
23	6030	中信証券股份有限公司	CTS	1,000
24	6837	海通証券股份有限公司	HAI	2,000

2) 股票期權的合約買賣單位等於一手正股股數

號數	股票編號	正股名稱	HKATS代號	合約買賣單位（股數）
1	1	長江和記實業有限公司	CKH	500
2	2	中電控股有限公司	CLP	500
3	3	香港中華煤氣有限公司	HKG	1,000
4	4	九龍倉集團有限公司	WHL	1,000
5	5	匯豐控股有限公司	HKB	400
6	6	電能實業有限公司	HEH	500
7	11	恒生銀行有限公司	HSB	100
8	12	恒基兆業地產有限公司	HLD	1,000
9	16	新鴻基地產發展有限公司	SHK	1,000
10	17	新世界發展有限公司	NWD	1,000
11	19	太古股份有限公司 'A'	SWA	500
12	23	東亞銀行有限公司	BEA	200
13	27	銀河娛樂集團有限公司	GLX	1,000
14	66	香港鐵路有限公司	MTR	500
15	135	昆侖能源有限公司	KLE	2,000
16	151	中國旺旺控股有限公司	WWC	1,000
17	267	中國中信股份有限公司	CIT	1,000
18	293	國泰航空有限公司	CPA	1,000
19	330	思捷環球控股有限公司	ESP	100
20	358	江西銅業股份有限公司	JXC	1,000
21	386	中國石油化工股份有限公司	CPC	2,000
22	388	香港交易及結算所有限公司	HEX	100
23	390	中國中鐵股份有限公司	CRG	1,000
24	489	東風汽車集團股份有限公司	DFM	2,000
25	494	利豐有限公司	LIF	2,000
26	688	中國海外發展有限公司	COL	2,000
27	700	騰訊控股有限公司	TCH	100
28	728	中國電信股份有限公司	CTC	2,000
29	762	中國聯合網絡通信 (香港) 股份有限公司	CHU	2,000
30	857	中國石油天然氣股份有限公司	PEC	2,000
31	883	中國海洋石油有限公司	CNC	1,000
32	902	華能國際電力股份有限公司	HNP	2,000
33	914	安徽海螺水泥股份有限公司	ACC	500
34	939	中國建設銀行股份有限公司	XCC	1,000

號數	股票編號	正股名稱	HKATS代號	合約買賣單位（股數）
35	941	中國移動有限公司	CHT	500
36	992	聯想集團有限公司	LEN	2,000
37	998	中信銀行股份有限公司	CTB	1,000
38	1044	恒安國際集團有限公司	HGN	500
39	1088	中國神華能源股份有限公司	CSE	500
40	1109	華潤置地有限公司	CRL	2,000
41	1171	兗州煤業股份有限公司	YZC	2,000
42	1186	中國鐵建股份有限公司	CRC	500
43	1211	比亞迪股份有限公司	BYD	500
44	1398	中國工商銀行股份有限公司	XIC	1,000
45	1800	中國交通建設股份有限公司	CCC	1,000
46	1898	中國中煤能源股份有限公司	CCE	1,000
47	1919	中遠海運控股股份有限公司	CCS	500
48	1928	金沙中國有限公司	SAN	400
49	2038	富智康集團有限公司	FIH	1,000
50	2282	美高梅中國控股有限公司	MGM	400
51	2318	中國平安保險(集團)股份有限公司	PAI	500
52	2319	中國蒙牛乳業有限公司	MEN	1,000
53	2328	中國人民財產保險股份有限公司	PIC	2,000
54	2333	長城汽車股份有限公司	GWM	500
55	2382	舜宇光學科技(集團)有限公司	SNO	1,000
56	2388	中銀香港(控股)有限公司	BOC	500
57	2600	中國鋁業股份有限公司	ALC	2,000
58	2628	中國人壽保險股份有限公司	CLI	1,000
59	2777	廣州富力地產股份有限公司	RFP	400
60	2800	盈富基金	TRF	500
61	2888	渣打集團有限公司	STC	50
62	2899	紫金礦業集團股份有限公司	ZJM	2,000
63	3323	中國建材股份有限公司	NBM	2,000
64	3328	交通銀行股份有限公司	BCM	1,000
65	3888	金山軟件有限公司	KSO	1,000
66	3968	招商銀行股份有限公司	CMB	500
67	3988	中國銀行股份有限公司	XBC	1,000

如歷史數據顯示1月恒指升市機會較大，Long Call 31,600點1月恒指期權，理論上可等到結算日計算盈虧，假如結算價是32,200點，帳面賺600點，每點50元即賺3萬元，扣除買入時期權金100點（5,000元）成本及約100元交易費用，實收24,900元，相當於4.98倍回報；若結算價是32,800點，帳面利潤1,200點，盈利54,900元，即10.98倍回報。當然，世上沒有必賺投資，如結算價低於打和價，即31,700點，便虧損，每低一點多輸50元，而最大虧損是結算價低於31,600點便輸掉所有期權金。

看好看淡　期權四招

期權只有Call 和 Put兩種，而動作只有買和沽兩個，所以最基本兩招是買CALL看好後市（Long Call）、或買PUT看淡後市（Long Put）；由於有買方必然有賣方否則便沒有成交，掌握了買CALL怎樣運作、自然也明白怎樣沽CALL，看升有限，學懂了買PUT、順理成章也明白怎樣沽PUT，看跌有限。

新手先不要把期權看成很複雜的投資工具，由於一般投資者習慣趁低吸納、分注撈底，Long Call和Short Put都是看好後市的策略，所以學期權先學Long Call怎樣運作，再學Short Put，會是比較自然和省時間的入門方法。

以下是以期指為例，詳細解說期權獲利四招：

📊 圖表 1.2　期權 4 個基本倉

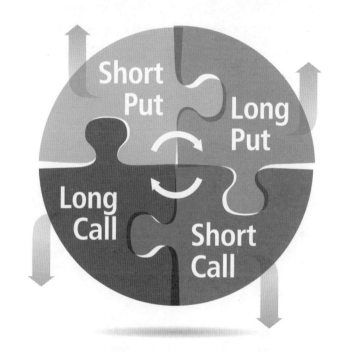

沽出
認沽期權合約
風險：指數大跌、虧損嚴重。

買入
認沽期權合約
風險：指數上升或不動，輸盡期權金。

買入
認購期權合約
風險：指數下跌或不動，輸盡期權金。

沽出
認購期權合約
風險：指數大升、虧損嚴重。

(1) 看好後市　買入認購期權

Long Call ——
買入認購期權，或認購期權長倉，又叫買Call，或簡單叫Call

買方看好後市，認為恒指後市會上升，結算時會高於現價到達某一個價位，故此願意付出期權金博取指數上升而獲得的利潤。投資者以協定的價格（行使價）買入認購期權，如結算價高於行使價加上期權金及交易成本，那便會有交易利潤。否則便有虧損。最大風險是損失全部期權金和交易成本。

相反對手認為後市升有限，願意沽出合約承受指數上行風險，故此Long Call的對手就是Short Call。

市場有買家必有賣家，當買家多的時候，沽家就會抬高期權金才肯出售，故此Long Call適合在市場已有見底上升的時機，例如中國宣布PMI、GDP前夕、技術走勢出現三角型時，即是一般投資者仍有疑惑時便入市。否則急升時風險溢價高，Call的期權金相對昂貴，值博率未必足夠。

Long Call最大風險是開倉之後指數不升、甚至下跌，可以輸盡所有付出的期權金。

*例子：*以250點期權金買入恒指2018年1月31200 CALL，交易費用2點。而假設結算價是32000，高於打和價31452，利潤是32000 −（31200 ＋ 250 ＋ 2）＝ 548點、或27,400元。

（2）看後市升幅少　沽出認購期權

Short Call ——
沽出認購期權，或認購期權短倉，又叫沽Call、Sell Call、或Write Call

沽方看淡後市，認為恒指升勢有限，現價已有阻力，結算時不會高於現價或所選定的行使價，可以收取期權金，承擔大市上升的風險。投資者以協定的價格（行使價）可沽出認購期權（認購期權空倉、Short Call），收取期權金。

理論上沽出認購期權是收取有限期權金，但承受無限虧損，遇上大升市況可以虧損嚴重，有機會損失戶口所有資金並且被追收保證金。未能完全了解其中風險不宜參與。

*例子：*收取106點期權金沽出恒指2018年1月32200 CALL，交易費用2點，而假設結算價32000低於行使價賺取所有期權金，結算利潤是106 - 2 = 104點（5200元）。

又例如Short Call恒指期權2018年3月33000收取182點期權金，只要2018年3月結算低於33000點，便可贏取所有期權金182點，即9100元（未計交易費用大概100元）。

由於Short Call贏盡只是所收取的期權金，如果遇上指數大升，可以引致嚴重虧損，故此屬於高風險的投資。為了確保Short Call者有足夠的財力支付Long Call者所贏的利潤，港交所有保證金制度，所謂「孖展」（Margin）。投資Short Call需要有足夠的金額才能開倉，而港交所因應指數上升或市況波動情況或長假期之前，可以每天調高Short Call的孖展，當戶口的結存不足，Short Call倉是有機會被追收孖展，一般證券行要求早上11時前補足所追收的孖展，否則會強行平倉，如平倉之後戶口出現短欠，投資者仍要承擔財務責任。

故此，Short Call不單有機會損失戶口所有資金，在快速上升市況，甚至可能需要存入額外資金。新手應充份理解Short Call所承受的風險，切勿誤信賺期權金很容易，便隨便嘗試。

(3) 看淡後市　買入認沽期權

Long Put ──
買入認沽期權，或認沽期權長倉，又叫買Put，或簡單叫Put

買方看淡後市，認為恒指後市會下跌，結算時會低於現價跌到某一個價位，故此願意付出期權金，博取指數下跌而獲得的利潤。投資者以協定的價格（行使價）可買入認沽期權，如結算價低於行使價減去期權金及交易成本，那便會有交易利潤。否則便有虧損。最大風險是損失全部期權金和交易成本。

相反對手認為後市跌有限，願意沽出合約承受指數下行風險，故此Long Put的對手就是Short Put。市場有買家必有賣家，當買家多的時候，沽家就會抬價，故此Long Put適合在市場已有見頂下跌的形態，但一般投資者仍比較進取時便出手。否則急跌時風險溢價高，Put的期權金相對昂貴，值搏率未必足夠。

Long Put最大風險是開倉之後指數不跌、甚至上升，可以輸盡所有付出的期權金。

*例子：*以150點期權金買入恒指2018年1月30200 PUT，而交易費用2點，假設結算價30100，高於打和價30048，結算虧損是30100 -（30200 - 150 - 2）= 52點、或2600元。

（4）看後市跌幅少　沽出認沽期權

Short Put ——
沽出認沽期權，或認沽期權短倉，又叫沽Put、Sell Put、或Write Put

沽方看好後市，認為恒指跌勢有限，現價已有支持，結算時不會低於現價或所選定的行使價，可以收取期權金，承擔大市下跌的風險。投資者以協定的價格（行使價）可沽出認沽期權（認沽期權空倉、Short Put），收取期權金。理論上沽出認沽期權是收取有限期權金，但承受無限虧損，遇上大跌市況可以虧損嚴重，有機會損失戶口所有資金並且被追收保證金。

由於 Short Put 贏盡只是所收取的期權金，如果遇上指數大跌，可以引致嚴重虧損，故此屬於高風險的投資。為了確保 Short Put 者有足夠的財力支付 Long Put 者所贏的利潤，港交所有保證金制度，所謂「孖展」（Margin）。投資 Short Put 需要有足夠的金額才能開倉，而港交所因應指數下跌或市況波動情況或長假期之前，可以每天調高 Short Put 的孖展，當戶口的結存不足，Short Put 倉是有機會被追收孖展，一般證券行要求早上 11 時前補足所追收的孖展，否則會強行平倉，如平倉之後戶口出現短欠，投資者仍要承擔財務責任。

故此，Short Put 不單有機會損失戶口所有資金，在快速下跌市況，甚至可能需要存入額外資金。新手應充份理解 Short Put 所承受的風險，切勿誤信賺期權金很容易，便隨便嘗試。未能完全了解其中風險不宜參與。

例子：收取 100 點沽出恒指 2018 年 1 月 30200 PUT，而交易費用 2 點，假設結算價 30100，低於打和價 30102 結算虧損是 30100 -（30200 - 100 + 2）= 2 點、或 100 元。

例如 Short Put 恒指期權 2 月 29000 收取 250 點期權金，只要 2 月結算高於 29,000 點，便可贏取所有期權金 250 點，即 12,500 元（未計交易費用大概 100 元）。

🌐 圖表1.3 如何運用期權獲利

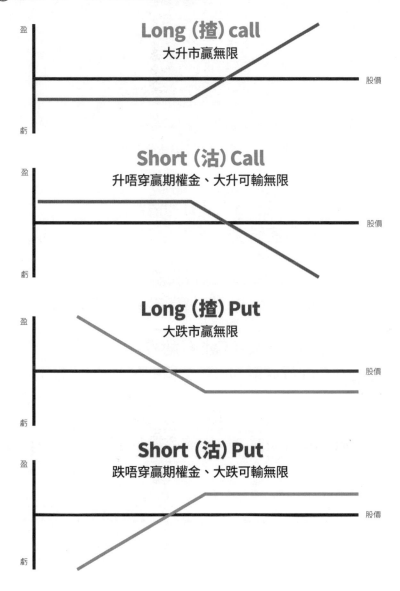

計算持倉的利潤或虧損

投資期權，最根本的是要懂得計算打和價，才能計算持倉的利潤或虧損。

在結算日，結算價必須高於認購期權的行使價，再加上買入期權交易費用（通常 100 元、兩個指數點），認購期權的買方才能獲利。這個盈虧的轉折點稱為打和價（break-even price），其計算方式如下：

Long Call 打和價 =
Long Call 行使價 加（所付期權金 加 交易費用）

Long Put 打和價 =
Long Put 行使價 減（所付期權金 加 交易費用）

Short Call 打和價 =
Short Call 行使價 加（所收期權金 減 交易費用）

Short Put 打和價 =
Short Put 行使價 減（所收期權金 減 交易費用）

計算打和價雖然只是加減數，但卻是最根本預計結算日盈利或虧損。但不知為何，很多學員竟然會出錯。以下幾個例子一定要完全掌握，才可以繼續往後的章節，否則基礎不穩，再學複雜的期權策略容易出錯。

🌐 圖表1.4　2018年1月8日恒指即月期權成交價

成交量	高位	低位	收市	引伸波幅	認購／認沽	引伸波幅	收市	低位	高位	成交量
2	2813	2813	2839	16	**28000**	16	3	6	7	244
0	0	0	2640	15	**28200**	16	5	8	10	453
1	2423	2423	2450	17	**28400**	15	7	9	12	1615
0	0	0	2245	15	**28600**	15	10	11	15	972
3	2080	2000	2058	16	**28800**	15	14	15	20	943
3	1821	1771	1863	15	**29000**	14	20	20	28	1230
10	1648	1648	1671	15	**29200**	14	29	27	38	896
11	1490	1395	1447	10	**29400**	14	40	37	52	671
38	1343	1212	1263	11	**29600**	13	57	51	72	349
22	1165	1027	1115	13	**29800**	13	78	69	99	48
19	983	883	930	12	**30000**	13	106	95	132	27
27	800	733	760	11	**30200**	12	144	130	177	20
79	675	577	615	11	**30400**	12	195	177	235	0
548	573	446	496	12	**30600**	12	260	234	310	53
919	449	338	380	11	**30800**	11	342	315	394	0
1262	342	249	282	11	**31000**	11	450	414	501	0
1260	260	181	203	11	**31200**	11	573	532	629	0
1232	186	128	144	11	**31400**	11	710	710	730	0
1440	132	89	100	11	**31600**	11	859	851	851	0
923	97	60	67	11	**31800**	13	1054	1016	1058	0
707	65	40	45	11	**32000**	11	1204	0	0	0

當日即月期指高 30950、低 30732、收 30836。成交合約 115892 張。

看好後市　例子一：

🌐 圖表1.5　Long Call 例子一圖表說明

	行使價	期權金	交易成本	打和價	結算價	利潤	回報%
Long Call	31200	203	2	31405	31600	195	95%
Long Call	31200	203	2	31405	31800	395	193%
Long Call	31200	203	2	31405	32000	595	290%

看好後市，以203點買入恒指31200 CALL，交易成本2點，總成本205點。打和價是31200＋（203＋2）＝31405點。結算高於31405點才會有盈利。假如結算31600，盈利31600－31405＝195點。成本205點、獲利195點，回報95%。如果結算31800獲利395點、回報1.9倍，如果結算32000、獲利595點、回報2.9倍，結算價愈高，Long Call獲利愈高，理論上是無上限，實際上每月升幅高於2,000點的機會並不大，每點價值50元，即每張即月期權要獲取10萬元利潤是很困難的。

看好後市 例子二：

🌐 **圖表1.6　Long Call例子二圖表説明**

	行使價	期權金	交易成本	打和價	結算價	虧損	回報%
Long Call	30800	308	2	31110	30600	-310	-100%
Long Call	30800	308	2	31110	30800	-310	-100%

看好後市，以308點買入恒指30800 CALL，交易成本2點，如結算價剛好是30800點，虧損多少？答案是損失所有期權金及交易成本，即308＋2＝310點。如果出現股災，結算價29500點，低於行使價30800點，虧損多少？答案仍是310點，Long Call最大的虧損是期權金及交易成本。

看淡後市 例子：

🌐 **圖表1.7　Long Put例子圖表説明**

	行使價	期權金	交易成本	打和價	結算價	利潤	回報%
Long Put	30600	260	2	30338	30000	338	130%
Long Put	30600	260	2	30338	29300	1038	399%

看淡後市，以260點Long Put恒指30600，交易成本2點，打和價30600－（260＋2）＝30338點。結算低於打和價30338點才會有盈利。假如結算價30000點，盈利30338－30,000＝338點。成本262點、獲利338點，回報1.3倍。如果出現股災

式大跌，結算價29300點，帳面盈利30338－29300＝1038點，成本是262點、獲利1038點，回報4倍。結算價低於Long Put打和價，每跌一點贏50元，結算價高於Long Put打和價，每升一點輸50元，最大虧損是付出的期權金和交易成本。

看後市跌有限 例子：

🌐 圖表1.8　Short Put例子圖表說明

	行使價	期權金	交易成本	打和價	結算價	利潤	回報%
Short Put	29400	40	2	29362	30000	38	贏盡期權金

看後市跌有限，收40點Short Put恒指29400，交易成本2點，打和價是29400－（40-2）＝29362點。結算價如剛好是29400點，獲利多少？答案：贏取40點、收取的期權金減去交易費用是Short Put最大的盈利。如結算價是低於行使價29400，例如29382點，有無盈利？答案：結算高於打和價29362仍有利潤，盈利29382－29362＝20點。如出現股災，結算價是28400點，結果如何？Short Put低於打和價，跌一點輸一點，故虧損是29362－28400＝962點，虧損24倍以上。Short Put遇上大跌市，虧損可以很嚴重。

即市 Long Put 看淡 例子 :

🌐 圖表 1.9　即市 Long Put 看淡例子圖表說明

	行使價	期權金	交易成本	期權金上漲至		利潤	回報%
Long Put	29800	78	2	180	即日平倉	98	120%

當期指跌穿30000點看淡後市，付78期權金Long Put 29800點，期指即日果然再下跌百多點，Long Put期權金漲至180點，能否立刻獲利？答案是可以即日平倉，不用等結算的。假設開倉和平倉交易成本各2點，共4點，即日平倉利潤180－78－4點＝98點。回報98÷（78＋2＋2）＝120%。

🌐 圖表 1.10　基本期權四個招式

	對後市判斷	指數走勢	回報	風險
Long Call	看好	快速向上	無限	所付期權金
Short Put	看好	反覆上升	所收期權金	無限
Long Put	看淡	快速向下	無限	所付期權金
Short Call	看淡	反覆下跌	所收期權金	無限

認識期權關鍵詞

上文提及不少投資期權的關鍵詞,詳細解說如下:

期權金 (Option Premium)

認購期權或認沽期權的價格叫作期權金,由兩部分——內在值及時間值——組成。如果恒指上升,通常CALL的期權金會上升、而PUT的期權金會下跌。但也有例外的情況,但當市場十分波動的時候,可能CALL和PUT的期權金皆上升。期權金以完整指數點作為報價單位。

內在值 (Intrinsic Value):

當CALL的行使價低於標的物價格,或PUT的行使價高於標的物價格,多出來的點數就是內在值。例如結算價32,250,那32,400 PUT有150點內在值(價內PUT)、32,000 PUT沒有內在值(價外PUT)。又例如結算價31,600,那32,000 CALL沒有內在值(價外CALL)。31,600 CALL也沒有內在值(等價CALL)、而31000CALL有600點內在值(價內CALL)。

時間值 (Time Value):

期權金減去內在值便是時間值。愈接近結算,時間值愈少。將近到期的期權時間值接近零。

結算日 (Settlement Day)：

香港期貨結算有限公司行使期權合約月份的最後一個營業日，完成現金交收。

最後交易日/到期日 (Expiry Day)：

結算日之前一個營業日。本港投資者習慣把最後交易日或到期日、稱作期指結算日。到期日以港交所網頁公告為準：https://www.hkex.com.hk/chi/prod/drprod/so/holidayex2_c.htm

結算價：

在到期日以恒生指數由開市到收市，每五分鐘取一個價位，計算全日的平均價。

現金結算 (Cash Settlement)：

本港的指數期權是以現金結算，結算金額以期權內在值及合約單位而定。期指和國指期權合約每點50元，小型期指合約每點10元。

零和遊戲 (Zero Sum Game)：

在期權結算日，當月合約的期權投資者所能夠贏取的期權金，必然是另一群期權投資者所輸的，有贏家必然有輸家。故此期權是一個零和遊戲。好淡雙方不斷互搏，然後在結算日決定贏輸的金額。

圖表 1.11　期權到期日是每月最後一個交易日之前的一個交易日

合約月份	期權到期日
2018年1月	2018年1月30日
2018年2月	2018年2月27日
2018年3月	2018年3月28日
2018年4月	2018年4月27日
2018年5月	2018年5月30日
2018年6月	2018年6月28日
2018年7月	2018年7月30日
2018年8月	2018年8月30日
2018年9月	2018年9月27日
2018年10月	2018年10月30日
2018年11月	2018年11月29日
2018年12月	2018年12月28日
2019年1月	2019年1月30日
2019年2月	2019年2月27日
2019年3月	2019年3月28日
2019年4月	2019年4月29日
2019年5月	2019年5月30日
2019年6月	2019年6月28日
2019年7月	2019年7月30日
2019年8月	2019年8月30日
2019年9月	2019年9月27日
2019年10月	2019年10月30日
2019年11月	2019年11月29日
2019年12月	2019年12月28日

打和價（Break Even Price）：

弄明白打和價，才能清楚計算結算盈利或虧損。基本期權四個招式是Long Call、Short Call、Long Put、Short Put。總結如下：

Long Call 的打和價是行使價加付出的期權金再加交易成本。如Long Call 31,000，付期權金250點，交易成本2點，那結算價要高於打和價31,252才會有利潤。

Short Call 的打和價是行使價加所收取的期權金扣除交易成本。如Short Call 31,000，收期權金250點，交易成本2點，那結算價高於打和價31,248便會有虧損。

Long Put 的打和價是行使價減去期權金再減交易成本。Long Put 31000，期權金300點，交易成本2點，打和價是31,000－300－2＝30,698，結算價低於30,698才會有利潤。

Short Put 的打和價是行使價減去所收取期權金扣除交易成本。如Short Put 31,000，收取期權金300點，交易成本2點，那結算價低於打和價30,702便會有虧損。

等價期權（At the Money Option）：

行使價與標的物價格相同的期權。等價期權內在值（Intrinsic Value）接近零，期權金幾乎全部是時期值（Time Value）。

價外期權（Out of Money Option）：

CALL 的行使價高於標的物，而PUT的行使價低於標的物。一般正常情況，投資者是買賣價外期權為主。

開倉：

當戶口沒有持倉，在市場買入期權或沽出期權，便是開倉。買入期權叫長倉，沽出期權叫短倉。開倉之後持有合約叫持倉。例如一個新開戶口，Long Call恒指2月 31,000付150點期權金，便叫開了一個新的認購期權長倉。而那張Long Call合約便叫未平倉合約。

平倉：

將已買入的期權沽出、或沽出的期權買回，便是平倉。

提早平倉：

所有期權在結算日會被港交所結算計算利潤或虧損。不過期權是可以在結算日前平倉的，故此買賣3月的合約，在操作上是不用等到3月結算日才計算盈虧，在任何交易日也可以平倉的。

投資期權的
具體操作

第二課

投資期權的
具體操作

恒生指數期權是怎樣的投資工具？投資額需要多少？如果贏了錢、對手會不會「跑數」？有沒有莊家維持秩序、保證買賣盤可以順利配對？本章嘗試解答這些關於投資指數期權的問題。

恒生指數廣泛被本港媒體報道，是香港股票市場的指標。一般來說，投資者習慣見到恒指上升，便相當於大市上升。如果對選擇股票並無把握，投資指數基金是一個選擇。穩健的投資者可選如盈富基金（2800）這類追蹤恒指表現的ETF（交易所買賣基金）產品。

對於追求較高回報又可以承受風險的投資者，會選擇衍生工具，利用槓桿放大利潤，也同時放大潛在的虧損。本港的牛熊證，窩輪等衍生工具產品，由投資銀行發行，而以恒生指數相關的成交量穩佔首位，遠遠拋離掛鉤其他股票的產品。牛熊證等衍生工具持續活躍，每天好倉淡倉的資金增減可達數千萬元以上。踏入2018年，恒指上破3萬點，每天成交16,000億元，而牛熊證資金每天增減注碼已近億港元，對大市的短線走勢影響力不容忽視。

簡單而言，牛熊證是毋須按金的期指，為衍生工具的一種，透過槓桿效應，將利潤放大。買入牛證等於看好後市，看淡後市

 **圖表 2.1　牛熊證成交以恒指相關產品佔大多數例子**

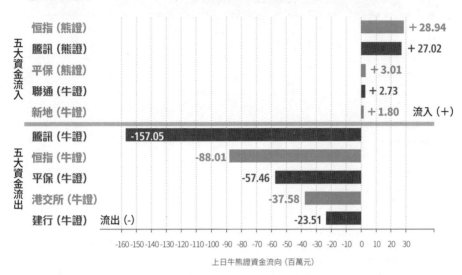

則選熊證。不過，針無兩頭利，牛熊證的強制收回（俗稱打靶）特性，卻令散戶聞風喪膽。倘相關指數或股票觸及收回價，該證便會立即停止買賣。

依我看來，買期指跟買牛熊證、窩輪風險差不多，但回報潛力則較高。

香港期貨交易所早於 1986 年 5 月推出恒生指數期貨合約。隨著恒生指數期貨的成功，於 1993 年 3 月亦推出恒生指數期權合約。本港期貨每天約 36 萬張合約成交，而期權近來成交愈來愈活躍，2018 年初每天約 66 萬張合約成交。

🌐 圖表2.2　恒指香港期貨及期權成交合約張數

合約	平均每日成交量	每月成交量		% 增減 18年1月 17年12月	由年初累積至今之總成交量 18年1-1月	% 增減 18年1-1月 17年1-1月	月底未平倉合約
		18年1月	17年12月				
期貨總數	457,484	10,064,653	7,358,191	36.8%	10,064,653	102.7%	577,455
恒生指數期貨	198,509	4,367,205	3,295,151	32.5%	4,367,205	135.2%	157,059
小型恒生指數期貨	81,136	1,785,000	1,360,932	31.2%	1,785,000	166.9%	11,539
恒生中國企業指數期貨	140,569	3,092,519	2,209,956	39.9%	3,092,519	49.3%	281,000
小型恒生中國企業指數期貨	25,722	565,879	339,264	66.8%	565,879	155.2%	4,797
恒指股息點指數期貨	147	3,225	2,100	53.6%	3,225	821.4%	10,377
恒生國企股息點指數期貨	2,681	58,987	11,856	397.5%	58,987	74.6%	80,400
恒指波幅指數期貨	0	1	5	-80.0%	1	-96.3%	0
中華交易服務中國120指數期貨	26	562	56	903.6%	562	1177.3%	11
中華交易服務博彩業指數期貨	6	125	0	-	125	-	5
恒生中國內地石油及天然氣指數期貨	54	1,184	414	186.0%	1,184	118300.0%	44
恒生中國內地銀行指數期貨	193	4,249	1,188	257.7%	4,249	3594.8%	74
恒生中國內地醫療保健指數期貨	0	0	0	-	0	-	0
恒生中國內地地產指數期貨	37	812	407	99.5%	812	-	30
恒生資訊科技器材指數期貨	0	0	0	-	0	-	0
恒生軟件服務指數期貨	0	10	0	-	10	-	0
IBOVESPA期貨	0	0	0	-	0	-	0
MICEX指數期貨	0	0	0	-	0	-	0
S&P BSE Sensex指數期貨	0	0	0	-	0	-	0
FTSE/JSE Top40期貨	0	0	0	-	0	-	0
股票期貨	783	17,219	11,661	47.7%	17,219	57.5%	6,680
五年期中國財政部國債期貨[1]	-	-	-	-	0	-	-
三個月港元利率期貨	0	0	30	-100.0%	0	-	470
一個月港元利率期貨	0	5	0	-	5	-75.0%	5
人民幣貨幣期貨 - 美元兌人民幣(香港)期貨	5,001	110,021	62,875	75.0%	110,021	12.8%	23,342
人民幣貨幣期貨 - 歐元兌人民幣(香港)期貨	8	170	190	-10.5%	170	146.4%	97
人民幣貨幣期貨 - 日圓兌人民幣(香港)期貨	9	197	103	91.3%	197	19600.0%	83
人民幣貨幣期貨 - 澳元兌人民幣(香港)期貨	2	52	98	-46.9%	52	5100.0%	35
人民幣貨幣期貨 - 人民幣(香港)兌美元期貨	30	665	698	-4.7%	665	-59.8%	502
美元黃金期貨[2]	2,083	45,830	25,136	82.3%	45,830	-	180
人民幣(香港)黃金期貨[3]	372	8,176	26,500	-69.1%	8,176	-	203
鐵礦石期貨 – 月度合約[4]	110	2,428	9,405	-74.2%	2,428	-	414
鐵礦石期貨 – 季度合約[5]	0	0	15	-100.0%	0	-	19
倫敦鋁期貨小型合約	3	74	52	42.3%	74	68.2%	42
倫敦鋅期貨小型合約	1	14	14	0.0%	14	-50.0%	10
倫敦銅期貨小型合約	0	4	40	-90.0%	4	-66.7%	0

合約	平均每日成交量	每月成交量		% 增減 18年1月 17年12月	由年初累積至今之總成交量 18年1-1月	% 增減 18年1-1月 17年1-1月	月底未平倉合約
		18年1月	17年12月				
倫敦鉛期貨小型合約	0	0	40	-100.0%	0	-	4
倫敦鐵期貨小型合約	2	40	5	700.0%	40	-38.5%	33
倫敦錫期貨小型合約	0	0	0	-	0	-	0
期權總數	960,454	21,129,991	11,848,437	78.3%	21,129,991	188.4%	14,302,029
恒生指數期權	60,522	1,331,488	948,523	40.4%	1,331,488	103.6%	414,009
小型恒生指數期權	9,545	209,985	144,418	45.4%	209,985	85.2%	15,237
自訂條款恒生指數期權	35	762	0	-	762	0.0%	0
恒生中國企業指數期權	109,835	2,416,371	1,297,646	86.2%	2,416,371	58.3%	2,621,247
小型恒生中國企業指數期權	4,116	90,549	36,516	148.0%	90,549	413.2%	10,319
自訂條款恒生中國企業指數期權	159	3,500	0	-	3,500	0.0%	0
股票期權	776,197	17,076,333	9,420,943	81.3%	17,076,333	240.5%	11,237,548
人民幣貨幣期權 - 美元兌人民幣(香港)期權[6]	46	1,003	391	156.5%	1,003	0.0%	3,669
期貨及期權總數	1,417,938	31,194,644	19,206,628	62.4%	31,194,644	153.8%	14,879,484

 期指的三大特點

指數期權有別於其他恒生指數相關衍生工具有以下三點:

1. 由港交所發行,有標準合約

牛熊證及窩輪這些衍生工具一般是由投資銀行推出,行使價、到期日,換股比率等等條款,可以五花八門,以迎合投資者的口味。

而恒指期權是由港交所發行,合約是有標準的模式(見附表2.3),例如大權每點價值50元、細權每點10元,現時每個行使價相差200點、即月期權的最後交易日一定是每月最後一個交易日之前的一個交易日、結算價是由全日恒指每五分鐘平均價得出。而為吸納場外交易,具靈活性行使價及合約月份的自訂條款指數期權合約於2010年2月8日推出,容許買賣雙方自訂行使價。

⊕ 圖表 2.3 合約概要

項目	標準期權		自訂條款指數期權
相關指數	恒生指數		
HKATS 代碼	HSI		XHS
合約乘數	每指數點港幣 $50		
最低價格波幅	一個指數點		
合約月份	短期期權：現月，下三個月及之後的三個季月 長期期權：之後五個六月及十二月合約月份		任何曆月但不可超越現有最長可供買賣的期權合約月份
行使方式	歐式		
期權金	以完整指數點報價		
行使價	**短期期權：** **指數點** 低於 2,000 點 2,000 點或以上但低於 8,000 點 8,000 點或以上 **長期期權：** **指數點** 低於 4,000 點 4,000 點或以上但低於 8,000 點 8,000 點或以上但低於 12,000 點 12,000 點或以上但低於 15,000 點 15,000 點或以上但低於 19,000 點 19,000 點或以上	**行使價間距** 50 100 200 **行使價間距** 100 200 400 600 800 1,000	行使價須為完整指數點及在提出要求當日即月恒生指數期貨合約開市價的高低 30% 幅度範圍內，或在要求合約月份及其他現有合約月份中最高與最低的行使價幅度內（以最大幅度為準）

項目	標準期權		自訂條款指數期權
行使價 (2018年 1月22日生效)	短期期權： 指數點　　　　　　　　　　　行使價間距 ≥ 20,000　　　　　　　　　　200 ≥ 5,000 至 < 20,000　　　　　100 < 5,000　　　　　　　　　　　50 長期期權： 指數點　　　　　　　　　　　行使價間距 ≥ 20,000　　　　　　　　　　400 ≥ 5,000 至 < 20,000　　　　　200 < 5,000　　　　　　　　　　　100		
交易時間	上午9時15分至中午12時正 及 下午1時正至下午4時30分 （到期合約月份在合約到期日收市時間為下午4時正） 自訂條款指數期權合約於收市前30分鐘內 不接納該合約的有關建立要求		
合約到期日	該月最後第二個營業日		
最後結算價	在到期日當天下列時間所報指數點的平均數為依歸， 下調至最接近的整數指數點： (i)　聯交所持續交易時段開始後的五 (5) 分鐘起 　　直至持續交易時段完結前的五 (5) 分鐘止 　　期間每隔五 (5) 分鐘所報的指數點，與 (ii)　聯交所收市時。		
交易費用及徵費	交易所費用　港幣 10.00 證監會徵費　港幣 0.54 佣金　　　　商議		

資料來源：https://www.hkex.com.hk/Products/Listed-Derivatives/Equity-Index/Hang-Seng-Index-(HSI)/Hang-Seng-Index-Options?sc_lang=zh-HK#&product=HSI

第二課　投資期權的具體操作

2. 多個期權莊家

指數期權雖然是港交所的產品，但港交所並不參與日常的期權報價和買賣服務。而是委任多個流通量提供者（俗稱「期權莊家」）提供以下服務。期權莊家可回應要求報價和持續報價。通常即月和下月價外約 1,000 點的期權會有持續報價。

被動回應開價要求：

一些較為價外或遠期合約，通常是沒有期權莊家報價的。莊家會因應投資者要求開價，提供買賣盤。交易軟件會有一個要求報價的功能。例如三月期權目前沒有買賣盤，可按鍵要求莊家報價，然後決定是否進行買賣。

🌐 圖表2.4 莊家被動回應報價要求

沒有報價，可向莊家要求。

HKIF ▼	HSI ▼	2018/03 ▼	重載	☐ 平價	要求報價 ◄

認購期權										置中		
未平倉	總成交量	最低	最高	前收市	成交	買入量	買入	沽出	沽出量	行使價	買入量	買入
10.84K	216	31172	31300	31049	31211	7	31215	31219	4	HSIH8		
1487				2269						29000	13	169
34				2101						29200	13	195
29				1937						29400	8	224
778				1778						29600	16	258
44				1623						29800	16	297
1285				1474						30000	8	343
139				1330						30200	8	393
1355	2	1260	1260	1193	1260					30400	8	451
743				1065		5	1092	1182	5	30600	11	516
781	1			943		5	991	1031	5	30800	8	589
1158	43	780	914	828	914	10	876	910	2	31000	8	671
203				415		13	775	788	13	31200	8	760
1209	3	452	452	369	452	8	676	686	8	31400	13	858
1671	2	681	681	560	681	5	587	596	8	31600	10	958
72	13			483		13	504	513	8	31800	5	1052
1351	110			415		3	435	441	8	32000	5	1179

| HKIF ▼ | HSI ▼ | 2018/03 ▼ | 重載 | ☐ 平價 | 要求報價 |

認購期權										置中		
未平倉	總成交量	最低	最高	前收市	成交	買入量	買入	沽出	沽出量	行使價	買入量	買入
10.84K	216	31172	31300	31049	31211	1	31219	31222	1	HSIH8		
1487				2269						29000	13	169
34				2101						29200	8	194
29				1937		8	2037	2059	3	29400	8	224
778				1778		8	1871	1893	11	29600	8	258
44				1623		11	1709	1731	8	29800	11	297
1285				1474		8	1557	1577	8	30000	8	343
139				1330		11	1409	1426	3	30200	8	393
1355	2	1260	1260	1193	1260	11	1267	1283	3	30400	8	450
743				1065		5	1095	1185	5	30600	8	516
781	1			943		5	993	1033	5	30800	8	589
1158	43	780	914	828	914	5	879	912	2	31000	8	668
203				727		13	777	790	8	31200	8	760
1209	3	705	722	632	722	13	678	688	8	31400	13	858
1671	2	589	655	547	589	5	589	596	8	31600	10	956
72	13	513	559	479	513	13	506	513	8	31800	5	1049
1351	110	468	486	411	486	3	436	442	8	32000	5	1177

主動持續報價：

持續報價的莊家在聯交所的自動對盤及成交系統持續輸入買賣盤。方便投資者進行買賣。以下是現時期指和指數期權的莊家名單。

🌐 圖表2.5　期指及指數期權莊家名單

期交所期貨及期權莊家名單及代號			
"BNP"	法國巴黎證券（亞洲）有限公司	"NHT"	Eclipse Options（HK）Ltd
"CTD"	Citadel Securities（Hong Kong）Ltd	"NRA"	Nomura International（Hong Kong）Ltd
"HKB"	匯豐金融期貨（香港）有限公司	"OPT"	Optiver Trading Hong Kong Ltd
"HKF"	大和證券有限公司	"SGS"	法國興業證券（香港）有限公司
"IBG"	盈透證券香港有限公司	"SNP"	永豐金證券（亞洲）有限公司
"ICB"	工銀國際期貨有限公司	"TBR"	Tibra Trading Hong Kong Ltd
"IMC"	IMC Asia Pacific Ltd	"TFF"	海通國際期貨有限公司
"ISS"	一通投資者有限公司	"UWD"	UBS Derivatives Hong Kong Ltd
"LQC"	Liquid Capital Markets Hong Kong Ltd	"VDC"	星展唯高達香港有限公司
"MLF"	Merrill Lynch Far East Ltd	"YKR"	躍鯤研發有限公司
"MPF"	ABN AMRO Clearing Hong Kong Ltd		

3. 港交所是唯一結算對手

在本港買賣期權，市場交易時可以有很多不同的對手。一些非正式的統計，每天期權的交易，大概60%是跟莊家做對手，30%是機構投資者，而只有10%是一般零售投資者。有人會有一個疑問，如果跟我交易的對手破產或失蹤了，那我在期權贏到的錢會不會見財化水？

其實，港交所是有一個完善的結算和交收制度。每次買賣雙方完成交易後，須向香港期貨結算有限公司登記，之後會經過一個「約務更替」程序，買方及賣方所有合約的唯一交易對手會轉移到香港期貨結算有限公司。假如投資者昨天Long Call恒指32000之後，今天指數大升1,000點，他是不需要理會昨日跟他交易時的對手是否有能力支付的，因為當他決定要平倉實現盈利，那香港期貨結算有限公司保證會支付他所贏的全額。

這涉及一套期權保證金制度。港交所每天會公布每張合約所需存入戶口的保證金，2018年一月初，恒指在31,000點水平，等價期權按金7萬多元，1000點價外6萬多元，而2,000點價外約5萬元。每個做Short Put或Short Call的投資者，每天要確保戶口有足夠的保證金履行責任，如因市況逆轉需要存入所需的保證金（「補孖展」Margin Call），如未能即日補足按金，是有機會被強制平倉的。現時電腦時代，很多時經紀採用即時自動斬倉，所以Short Call及Short Put要求的資金較多，需要較保守的策略，要留意經紀行是有權要求客戶存入較港交所要求高的保證金。

Long Call及Long Put所需支付的期權金在期權戶口扣除，等待結算，是沒有補孖展的煩惱。

🌐 圖表2.6　買賣期權的「約務更替」程序

普通交易

買方　　　　　　　　　$　　　　　　　　　賣方

合約

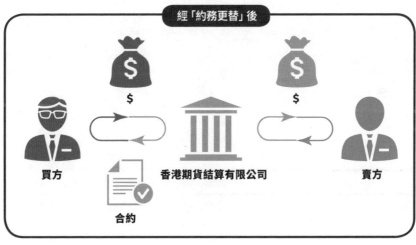

經「約務更替」後

買方　　$　　　　　　　　　$　　　賣方

合約　　香港期貨結算有限公司

實際期權操作上的程序

經電話買賣期權所需提供資訊：

如經電話下單買賣指數期權，需要提供完整資訊，包括：買或沽，張數，標的物，合約月份，行使價，CALL或PUT，期權金。例子假設即月合約是12月份。

*例子一：*買 兩張 恒指大權 1月 33000 CALL付196點
另一種講法：196點 Long Call兩張 恒指大權 下月33000

🌐 圖表2.7　恒指期權下單例子

| HKIF ▼ | HSI ▼ | 2018/01 ▼ |

認購期權				置中	認沽期權			
買入量	買入	沽出	沽出量	行使價	買入量	買入	沽出	沽出量
2	32866	32867	1	HSIF8				
8	569	577	8	32400	7	105	107	6
8	419	427	5	32600	1	157	158	2
3	296	298	1	32800	2	229	231	3
3	196	198	10	33000	8	327	333	8
7	125	126	1	33200	8	455	463	8
4	76	78	12	33400				
13	46	47	1	33600				
7	27	29	15	33800				

例子二：沽 五張 國權 1月13200 PUT 收 57點

另一種講法：57點 Short Put五張 國權 下月13200

🌐 **圖表2.8　國指期權下單例子**

HKIF ▼	HSI ▼	2018/01 ▼

認購期權				置中	認沽期權			
買入量	買入	沽出	沽出量	行使價	買入量	買入	沽出	沽出量
6	13473	13474	1	HSIF8				
1	240			13200	50	56	57	16
2	250	256	5	13300	20	79	81	10
1	185	190	8	13400	20	113	116	2
5	133	136	10	13500	9	160	165	9
9	92	94	13	13600	7	218	224	7
22	62	64	17	13700	10	10		
10	41	42	14	13800				
14	26	28	31	13900				
36	16	17	46	14000				

例子三：平倉 一張 恒指大權 1月 32000 CALL市價排隊

如果現有持倉是Long Call 32000、那平倉的意思是做反手，Short Call 32000。

例子四：平倉 兩張國權下月13200，直出

如果現有持倉是 Short Put 13200，那平倉是做反手，Long Put 13200。

以電腦下單的方法：

不同的證券行有不同的交易平台，本港最常用的期權交易平台 SPTrader 使用以下代碼：

恒指大權 HSI、恒指細權 MHI、國權 HHI

電腦下單也需要提供：
買或沽，張數，標的物，合約月份，行使價，CALL 或 PUT，期權金。

期權月份字（認購）：
一月至十二月（A B C D E F G H I J K L）

期權月份字（認沽）：
一月至十二月（M N O P Q R S T U V W X）

例子： 恒指大權 2018 年 01 月 33000 CALL 的代碼是 HSI33000A8（8 字代表 2018 年）
例子： 國指大權 2018 年 01 月 13200 PUT 的代碼是 HHI13200M8（8 字代表 2018 年）

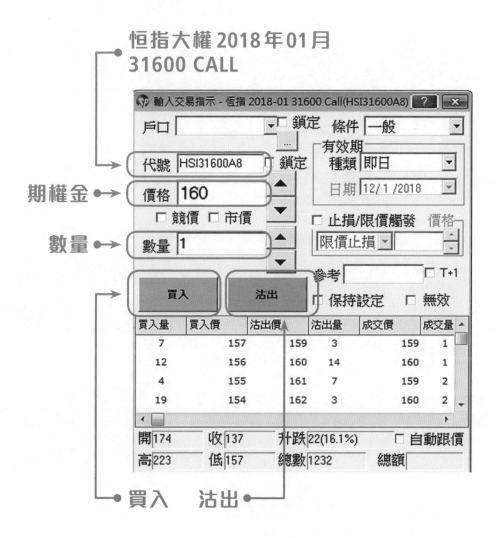

🌐 **圖表2.9　期權電腦下單方法**

**恒指大權 2018 年 01 月
31600 CALL**

期權金

數量

買入　沽出

對期權的
三個誤解

第三課

對期權的 三個誤解

筆者很多朋友都有參與股票買賣,但非正式統計,有參與期權交易的可能十個之中也沒有一個。香港雖然自稱是國際金融中心,但投資者教育這方面明顯仍要多下苦功。

在投資世界有句名言叫「不熟不做」,如果認識期權的投資者少,參與者相對少其實是非常正常的現象。當我探究為何一般投資者不花時間去認識這種投資工具,卻發現原來有三個常見的誤解流傳,令不少人連學習期權的念頭也打消了,完全放棄。

故此我在本章希望掃除思維上的障礙、嘗試簡單解釋這些誤解,之後的章節再深入討論各種期權的策略,以及所涉及的風險。

誤解一:期權的流通量低

恒生指數期權,是本港最受歡迎的衍生工具產品。港交所邀請多位流通量提供者作持續報價,故此買賣即月行使價與期指相

圖表3.1　即月1000點範圍的流通性足夠

HKIF ▼	HSI ▼	2018/01 ▼

認購期權				置中	認沽期權			
買入量	買入	沽出	沽出量	行使價	買入量	買入	沽出	沽出量
1	31593	31595	6	HSIF8				
				28200	14	4	5	36
5	3135	3270	5	28400	14	4	5	42
5	2936	3069	5	28600	27	5	6	52
5	2736	2870	5	28800	42	5	7	39
5	2537	2671	5	29000	12	7	8	43
5	2338	2472	5	29200	35	8	9	22
5	2140	2274	5	29400	20	10	11	45
1	1986	2076	5	29600	26	12	13	8
5	1747	1870	1	29800	44	16	17	37
5	1553	1660	1	30000	21	22	23	34
8	1416	1426	8	30200	24	29	30	17
1	1215	1300	1	30400	19	39	40	4
5	993	1109	5	30600	20	54	55	19
1	860	920	1	30800	13	77	78	3
8	698	707	8	31000	6	109	110	2
8	544	552	8	31200	1	155	156	2
4	405	415	8	31400	12	217	220	4
2	296	299	10	31600	8	302	307	8

圖表3.2　下月1000點範圍流通性可以接受

HKIF ▼	HSI ▼	2018/02 ▼

認購期權				置中	認沽期權			
買入量	買入	沽出	沽出量	行使價	買入量	買入	沽出	沽出量
4	31546	31548	2	HSIG8				
				29800	8	98	101	5
				30000	8	120	123	5
				30200	16	146	151	16
				30400	10	181	184	13
				30600	7	220	224	8
				30800	13	268	273	8
1	860	895	5	31000	8	326	331	13
8	737	748	8	31200	8	394	400	13
8	617	626	8	31400	8	474	481	13
13	511	519	13	31600	8	567	575	8
5	419	425	8	31800	8	672	681	8
3	341	344	8	32000	5	777	817	5
8	273	277	8	32200	5	908	948	5
8	217	221	8	32400	5	1022	1112	5
5	172	176	13	32600				
3	135	138	13	32800				
9	104	107	6	33000				
18	79	84	18	33200				

🌐 圖表3.3　隔兩個月期權流通性有時也可接受

| HKIF ▼ | HSI ▼ | 2018/03 ▼ |

認購期權				置中	認沽期權			
買入量	買入	沽出	沽出量	行使價	買入量	買入	沽出	沽出量
2	31548	31551	2	HSIF6				
				29800	3	227	234	11
				30000	36	262	269	11
				30200	8	301	310	8
				30400	8	349	356	8
				30600	3	401	408	8
				30800	8	460	468	8
5	1037	1127	5	31000	8	528	537	8
5	939	977	2	31200	8	604	613	8
8	836	850	13	31400	8	688	698	8
8	729	741	8	31600	8	781	791	8
8	633	644	8	31800	10	873	913	5
8	547	556	8	32000	5	986	1026	5
3	472	478	8	32200	5	1083	1173	5
3	403	409	8	32400	5	1214	1304	5
8	344	349	8	32600				
3	290	297	8	32800				
11	244	252	8	33000				
11	206	213	8	33200				

差1,000點距離的指數期權，其實是相當容易的，買賣差價只是約5點左右。而買賣下月相差1,000點距離也不困難，買賣差價較闊，約8至10點。

所謂流通量低，通常指那些距離期指很遠的極價外行使價，或深入價內1,000點的行使價、或兩個月之後的期權。如想要避開低流通性的問題，最好專注操作即月或下月的價外期權。

誤解二：期權是高風險投機

首先要明白，就算持有現金也要面對風險。因為當銀行存款所賺取的利息低於通脹，現金的購買力會有每年遞減的風險。現實是逼於無奈需要想辦法去投資增值，否則今天的財富到將來可能連基本的消費也支持不到。不過持有現金，面對的是一年約3%的通脹、或存款銀行出問題這類相對低的風險，而投資期權涉及的風險，應與股票投資比較。

其次，恒生指數的表現自1988年開市2,287點，到2015年，長期平均數約每年複式增長8%，再加每年約3%股息回報，就算1997年開始，經歷1997、98年亞洲金融風暴、2000年科網股爆破，2003年沙士危機，2008年美國次按金融風暴、2011年歐元解體及歐債危機、以及2015年油價及商品價格急跌等重大金融事故，如果在這許許多多的危機中，用一個最傻瓜的策略，就是在每年年尾見恒指當年下跌時才入市，只要投資組合與恒指相關，勝算仍是高的。自1997年以來有8次入市機會，以平均價於13,915點買入計，到2015年收市21,914點計、回報是57%。所以只要有耐性和規律，緊持低價才入市，持之以恆，投資港股並不算高風險投機。

期權是衍生於股市的衍生工具，主要是涉及四個範疇的風險：（1）市場風險、（2）槓桿效應、（3）時間值損耗、（4）追收保證金。

🌐 圖表3.4　恒指每年升跌

年份	開市	高位	日期	低位	日期	收市	每年升跌%
1987	2569.0	3968.7	10月1日	1876.2	12月7日	2303.0	-10.4
1988	2221.0	2775.0	7月12日	2199.5	1月4日	2687.0	16.7
1989	2691.0	3329.1	5月15日	2022.2	6月6日	2837.0	5.6
1990	2811.0	3559.9	7月23日	2697.4	2月2日	3025.0	6.6
1991	3025.0	4309.3	12月31日	2970.3	1月16日	4297.0	42.0
1992	4310.0	6470.8	11月12日	4284.1	1月2日	5512.0	28.3
1993	5455.0	11959.1	12月30日	5431.3	1月4日	11888.0	115.7
1994	12021.0	12599.2	1月4日	7670.8	12月12日	8191.0	-31.1
1995	8190.0	10073.4	12月29日	6890.1	1月23日	10073.0	23.0
1996	10070.0	13744.3	11月28日	10070.8	1月2日	13451.0	33.5
1997	13451.0	16820.3	8月7日	8775.9	10月28日	10722.8	-20.3
1998	10743.7	11926.2	3月26日	6544.8	8月13日	10048.6	-6.3
1999	9982.3	17138.1	12月29日	9000.2	2月10日	16962.1	68.8
2000	17057.7	18397.6	3月28日	13596.6	5月26日	15095.5	-11.0
2001	15089.9	16274.7	2月2日	8894.4	9月21日	11397.2	-24.5
2002	11368.1	12021.7	5月17日	8772.5	10月10日	9321.3	-18.2
2003	9333.6	12740.5	12月15日	8331.9	4月25日	12575.9	34.9
2004	12665.0	14339.1	12月2日	10917.7	5月17日	14230.1	13.2
2005	14216.0	15508.6	8月16日	13320.5	1月24日	14876.4	4.5
2006	14844.0	20049.0	12月29日	14844.0	1月3日	19964.7	34.2
2007	20004.8	31958.4	10月30日	18659.2	3月5日	27812.7	39.3
2008	27632.2	27853.6	1月2日	10676.3	10月27日	14387.5	-48.3
2009	14448.2	23099.6	11月18日	11344.6	3月9日	21872.5	52.0
2010	21860.0	24988.6	11月8日	18971.5	5月27日	23035.5	5.3
2011	23135.6	24468.6	4月8日	16170.3	10月4日	18434.4	-20.0
2012	18770.6	22718.8	12月27日	18056.4	6月4日	22656.9	22.9
2013	22860.3	24111.6	12月2日	19426.4	6月25日	23306.4	2.9
2014	23452.8	25363.0	9月4日	21137.6	3月20日	23605.0	1.3
2015	23683.6	28588.5	4月27日	20368.1	9月29日	21914.4	-7.2
2016	21782.6	24364.0	9月9日	18278.8	2月12日	22000.6	0.4
2017	21993.4	30199.7	11月22日	21883.8	1月3日	29919.2	36.0
2018	30028.3						

	中位數	平均數	累計升幅
2008-2017 10年	22328.7	22113.2	45.40%
1998-2017 20年	19199.6	18670.8	180.30%

(1) 市場風險

期權的風險，其實是源自於標的物指數的風險。

由於恒生指數期權是衍生於恒生指數的產品，無可避免地，要面對香港股市的風險。假如在2007年，在恒指歷史高位31,958點才入市，那仍然是會牢牢被綁。恒指平均每天200多點上落，每星期600多點，每個月1,200多點的波幅上落也是很平常的。所以一些平均回報數字、或歷史盈利數據是有其局限性。

一些投資技巧，如只有在別人恐懼時才入市，在單位數市盈率才買貨的方法，是可以增加股市投資的獲勝概率，減低風險。

🌐 圖表 3.5　恒生指數 2007 年下半年走勢

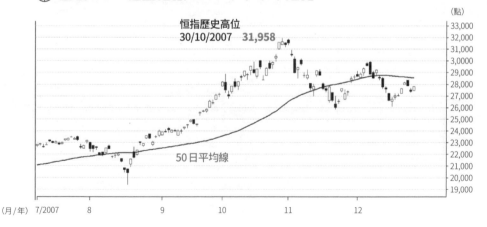

(2) 槓桿效應

由於期權金的變化可以因應指數的變化而放大，故此有槓桿效應。

例如恒指升200點（0.62%），32200CALL 期權金可由280點，升到388點（38.6%）。當然，LONG CALL之後指數不是升200點反而是下跌的話，虧損便會放大。這是操作期權需要面對的風險。故此，投放在期權的資金不應過大、也不應長期持有Long Put或Long Call，以較細的注碼、可以承受的虧損來控制風險。

🌐 圖表3.6
32000 CALL 期權金 可由388 點升至 516 點，32.9% 升幅
32200 CALL 期權金 可由280 點升至 388 點，38.6% 升幅

HKIF		HSI		2018/01			
認購期權				置中	認沽期權		
買入量	買入	沽出	沽出量	行使價	買入量	買入	沽出	沽出量
2	32121	32122	4	HSIF8				
4	659	676	4	31600	1	146	147	6
8	516	524	8	31800	7	197	198	22
2	388	392	1	32000	11	265	270	11
1	280	282	1	32200	13	356	361	8
17	196	197	15	32400	8	469	476	8
4	131	133	18	32600	5	591	627	5
31	85	87	22	32800	5	744	784	5
3	55	56	15	33000	5	902	954	5
3	35	36	21	33200				
1	22	23	31	33400				
1	14	15	42	33600				

（3）時間值損耗

LONG CALL 及 LONG PUT 是付出期權金，希望獲放大利潤。不過假如明天指數及其他影響期權金的因素不變，單單是持倉一天的時間，期權金也會縮減。

圖表 3.7 可見 32200 CALL 的 Theta 是 19.75 點（987.5 元），這就是一天的時間值。如果投資者覺得輸時間值風險太大，是可以用跨期（Call Spread 或 Put Spread）的策略。例如以 Long Call 32200 博指數上升，同時 Short Call 32400 減少時間值的損失。本書稍後會詳細討論跨期的操作方法。

🌐 圖表 3.7
32200 CALL 每天時間值損耗 19.75 點，約 987.5 元
32400 CALL 每天時間值損耗 18.46 點，約 923 元

					HKIF ▾	HSI ▾	2018/01 ▾	重載 ☐ 平價

Theta	Gamma	Delta	成交	買入量	買入（波幅）	沽出（波幅）	沽出量	置中 行使價
		1.00	32122	2	32121	32122	4	HSIF8
17.77	0.0004	0.73	660	4	659（14.6%）	676（15.5%）	4	31600
19.29	0.0004	0.65	508	8	516（14.3%）	524（14.7%）	8	31800
20.04	0.0005	0.56	390	2	388（13.9%）	392（13.8%）	1	32000
19.75	0.0005	0.47	283	1	280（13.6%）	282（13.8%）	1	32200
18.46	0.0005	0.37	196	17	196（13.5%）	197（13.6%）	15	32400
16.15	0.0004	0.28	132	4	131（13.4%）	133（13.5%）	18	32600
13.31	0.0004	0.20	86	31	85（13.4%）	87（13.5%）	22	32800
10.52	0.0003	0.14	56	3	55（13.5%）	56（13.6%）	15	33000
8.01	0.0002	0.10	36	3	35（13.7%）	36（13.8%）	21	33200
5.91	0.0002	0.06	22	1	22（13.9%）	23（14.1%）	31	33400

(4) 追收保證金

期權短倉 Short Put 或 Short Call 的確是高風險的投資，因為所收取的期權金有限，但如果市況逆轉，虧損可以無限。例如：Short Call 33000 在 12 月 29 日恒指 29,919 點水平，只需 31,454 元保證金，當時於其後 1 月 1 日元旦之後的第一個交易日，港股乘著 2017 年升勢而再度上揚，到 1 月 26 日，恒指 31,454 點，而保證金增到 73,429 元！如 12 月 29 日 Short Call，所收期權金只是 21 點，到 1 月 12 日升至 79 點以上，1 月 26 日最高超過 698 點！

Short Put 或 Short Call 的投資者可能會在短時間內被要求存入額外的保證金。假如未能在指定的時間內提供所需金額，持有的未平倉合約可能會被強制平倉而投資者仍需要為賬戶內出現的短欠數額負責。故此投資者須根據本身的投資目標及個人和財務狀況，以及掌握救倉或止蝕的技巧，才決定是否持有 Short Put 或 Short Call 倉位。切不可輕信賺時間值很容易的講法。

圖表3.8　2018年2月33000 CALL 保證金變化

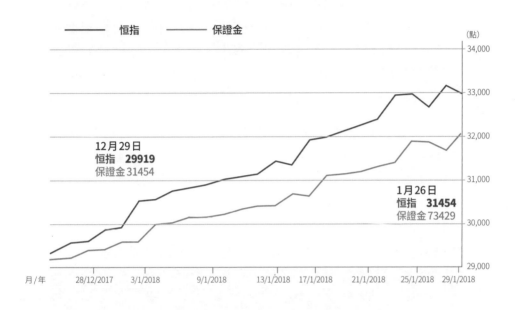

誒 恒指　　　誒 保證金　　　　　　　　　　　　　　　　（點）

12月29日
恒指　**29919**
保證金 31454

1月26日
恒指　**31454**
保證金 73429

月/年　　28/12/2017　　3/1/2018　　9/1/2018　　13/1/2018　17/1/2018　21/1/2018　25/1/2018　29/1/2018

誤解三：難以掌握期指玩法

我當然不想說期權很容易操作，但也有方法由淺入深。建議新
手先熟習Long Call或Long Put，先做功課，選定一個成交較
多的期權行使價，每天記錄恒指高低位、與期權金高低位的變
化。例如2月32000 PUT及33000 CALL的成交比較活躍，
可每天記錄觀察其規律。緊記高追是有風險的，見低追沽也容
易中伏。

較合理是超賣見支持Long Call、超買有阻力Long Put。新手不應持有Short Put或Short Call過夜，因風險很大。最好收市前守規矩，每張Short倉也有一張Long倉保護。可以把期權當作是一隻只有幾十天生命周期的股票那麼看待。累積經驗後再掌握較難理解的風險參數如Delta、Theta、Vega、Gamma等。

圖表3.9及3.10見期權金每天變化很大，只要恒指波動1%，期權波動10%以上幾乎每日皆會出現。所以根本不需要擔心錯過了投資機會，要擔心的是自己是否掌握到操作的技術。只要港股維持每天200幾點的波幅，其實每天總有機會獲利。

🌐 圖表3.9　2月32000 PUT 的期權金變化與恒指比較

日期	月份	購/沽	行使價	恒指	引伸波幅	期權金高	期權金低	期權金收	升跌(%)
20180202	Feb-18	P	32000	32601.8	16	273	448	332	5.4
20180201	Feb-18	P	32000	32642.1	16	226	341	315	11.7
20180131	Feb-18	P	32000	32887.3	17	267	462	282	-25.4
20180130	Feb-18	P	32000	32607.3	18	296	457	378	9.88
20180129	Feb-18	P	32000	32966.9	18	200	356	344	37.6
20180126	Feb-18	P	32000	33154.1	17	240	334	250	-34.21
20180125	Feb-18	P	32000	32654.4	16	288	395	380	18.01
20180124	Feb-18	P	32000	32958.7	16	290	363	322	-5.85

⊕ 圖表 3.10　2月 33000 CALL 的期權金變化與恒指比較

日期	月份	購/沽	行使價	恒指	引伸波幅	期權金高	期權金低	期權金收	升跌 (%)
20180202	Feb-18	C	33000	**32601.8**	15	261	418	323	-18.23
20180201	Feb-18	C	33000	**32642.1**	15	375	545	395	-23.3
20180131	Feb-18	C	33000	**32887.3**	16	287	555	515	10.04
20180130	Feb-18	C	33000	**32607.3**	17	390	609	468	-19.31
20180129	Feb-18	C	33000	**32966.9**	17	569	867	580	-16.91
20180126	Feb-18	C	33000	**33154.1**	16	515	740	698	52.07
20180125	Feb-18	C	33000	**32654.4**	15	437	618	459	-20.17
20180124	Feb-18	C	33000	**32958.7**	16	491	606	575	-4.33
20180123	Feb-18	C	33000	**32930.7**	16	366	604	601	94.5
20180122	Feb-18	C	33000	**32393.4**	14	228	322	309	9.19
20180119	Feb-18	C	33000	**32254.9**	14	220	284	283	17.92
20180118	Feb-18	C	33000	**32121.9**	14	190	263	240	20.6

第四課

期權
定價公式

期權
定價公式

股票的價格是由投資者的供求和期望決定，故此並沒有特定的
公式可以計出一隻股票的市價。一般而言，大市上升時個別股
價也會上升，特別是指數成份股跟大市升跌的步伐比較一致，
但有些時候某些板塊是不大會跟大市的，例如2017年的石油股
及公用股便跟隨不到大市的步伐。

當然，股票本身的價值，可參考重要的基礎因素如財務比率，
盈利前景等，預期有明顯增長的股價自然比較強勁。另外，投
資者亦會參考市盈率：即股價除以每股盈利（PE）；市淨率：股
價除以每股資產淨值（PB），或周息率（Dividend Yield：每
股派息除以股價）等等財務比率，以評估股價是否合理。例如，
投資者多數以周息率定價公用股中電（0002），多年來股價的
周息率是3.8%至4%之間。而新鴻基（0016）屬於收租股，股
價的周息率近年是3.35%而市淨率大概66%左右，而中海外
（0688）這類地產發展股市淨率通常高於1.5倍，明顯有溢價。

相反，期權則有特定之定價方式。不過，早期的期權定價，是
沒有甚麼標準，而且資訊又不流通，投資者要用電話詢價，不

同的市場莊家可以根據當時的供求關係和對後市的主觀判斷而開出不同的期權價格，兩個莊家對同一月份，同一行使價的認購期權價格出現嚴重分歧，並不罕見，畢竟市場有人看好，有人看淡，看好後市的莊家，認購期權的價格自然比較高。到80年代，開始有TelePage或information page的報價系統出現，相關的投資產品的資訊被放在同一頁，於是市場需要一個標準的期權定價模型，免得價格太過偏離，假如價格無從捉摸，風險過大，是沒有辦法建立一個有效的市場。

歐式定價期權

1973年市場出現了著名的Black-Scholes期權定價模型（Black-Scholes Option Pricing Model)作為各莊家的參考，芝加哥期權交易所意識到標準定價的重要性，很快便將B-S模型程式化，透過電腦應用到剛剛營業的芝加哥期權交易所的各種產品。到今天，該模型以及它的一些變形已被期權交易商、投資銀行、金融管理者、保險人等廣泛使用，保證了期權市場的有效運作。

Black-Scholes模型是歐式定價期權。歐式期權的意思是買方只可以在到期日行使權利，而在未到期前，只能在市場平掉已有倉位，實化盈利或虧損。

Black-Scholes模型有以下的六個假設，明顯地跟現實情況或有差別，故理論價只供參考，在實際操作時，一般期權價格會稍高於理論價格以抵消市場不明朗的風險：

1. 在合約期內，無風險利率已知且為常數

本港通常以3個月銀行同業間拆息作為無風險利率之常數，2018年初的年利率是1.22%。投資者可到銀行公會網頁查看最新報價 https://www.hkab.org.hk/。

2. 假設標的物價格隨機變動，符合常態分佈

這是一個爭議性較大的假設，雖然股價短線是隨機上落，但很多交易員並不認同股價是常態分佈、而且也很容易出現突發的變動。故此在現實生活，莊家的開價會偏離理論價格，當遇上股價快速變動，莊家甚至會暫停開價，等待市場回復較正常的運作。

3. 無摩擦的市場，不用計算交易成本或稅項

現實世界投資者當然要自行計算交易成本、及稅務負擔。要特別留意不可過度交易，雖然交易成本已經愈來愈低，但就算每次只是一百、幾十元的開支，累積的金額可以頗大。

4. 買賣數量不受限制並且可持續進行

本港的股票市場自由買賣不受限制，但主要股東持股多於5%需要申報。為免個別大戶操控期貨市場，港交所對期指和期權大持倉也有申報制度和限額制度。

投資者持有任何一個合約月份的期權，未平倉合約達500張便須呈報。持有恒生指數期貨、期權、小型恒生指數期貨及小型恒生指數期權所有合約月份持倉合共delta（對沖值）10,000為限，並且在任何情況下，小型恒生指數期貨或小型恒生指數期權都不能超過delta 2,000。

H股指數期貨及H股指數期權（包括自訂條款指數期權）、所有合約月份持倉合共delta 12,000為限，並且在任何情況下，小型H股指數期貨不能超過delta 2,400。持有一張期指合約等同一個delta，第七章會詳細介紹。有關持倉限制，請詳情參考港交所公告：https://www.hkex.com.hk/chi/market/dv_tradfinfo/lop_c.htm

5. 可以賣空

本港是不容許未經融券安排而沽空股票的。但期指、期權淡倉則不在此限，就算沒持有正股，也可沽出期指合約，或Short Call看淡後市。但國內和外國經驗，在股市急劇下跌時，監管當局有可能限制不容許無貨沽空，或無貨沽空需要付更多的保證金以增加沽空者的成本。風險上升會導致期權價格上升，高於理論價格。

6.能夠以無風險利率借貸

現實上這個因人而異，借貸成本高，沽出的期權價格便要相對提高、買入期權則要較低以減低成本。

由於廣泛地使用了期權定價模型，理論上不同莊家於同一個到期月份和行使價開出的價格應是非常接近，但由於客觀環境不同，各莊家在開價時會因應市場的供求和各自對後市的判斷，調整理論價格。市場一般會用「引伸波幅」來解釋價格的差異。引伸波幅基本上就是期權價格高低的同義詞。如果相同條件的期權，但一個莊家開的價格較另一個高，市場習慣用「莊家提高了引伸波幅」來解釋。

引伸波幅是預期未來一年標的物在平均價格上落的一個標準差預計區間，即莊家預計68%概率的波動範圍，在第六章會詳細講解。引伸波幅在期權交易佔非常重要的位置，因為說到底，期權是一種控制風險的投資工具，如果標的物的價格波幅大，不確定性增加，那期權的價格便相對提高，即是引伸波幅會上升。

📊 圖表4.1　Black Scholes 歐式認購期權定價公式

$$C = SN\ (d_1)\ \text{-}Xe^{\text{-}rt}N\ (d_2)$$

其中

$$d_1 = \frac{\ln(\frac{s}{x}) + (r + \frac{\sigma^2}{2})T}{\sigma\sqrt{T}}$$

$$d_2 = \frac{\ln(\frac{s}{x}) + (r - \frac{\sigma^2}{2})T}{\sigma\sqrt{T}} = d_1 - \sigma\sqrt{T}$$

C	=	認購期權的模型價格
S	=	標的物的現時價格
X	=	行使價
r	=	無風險利率（年為單位）
T	=	距離到期日時間（以年為單位）
ln	=	自然對數
σ	=	股價變化標準差（以年為單位）
N（·）=		標準常態分布的累積概率分布函數

📊 圖表4.2　Black Scholes 歐式認沽期權定價公式

$$P = Xe^{\text{-}rt}N\ (\text{-}d_2)\ \text{-}SN\ (\text{-}d_1)$$

其中

$$d_1 = \frac{\ln(\frac{s}{x}) + (r + \frac{\sigma^2}{2})T}{\sigma\sqrt{T}}$$

$$d_2 = \frac{\ln(\frac{s}{x}) + (r - \frac{\sigma^2}{2})T}{\sigma\sqrt{T}} = d_1 - \sigma\sqrt{T}$$

C	=	認沽期權的模型價格
S	=	標的物目前價格
X	=	行使價
r	=	無風險利率（以年為單位）
T	=	距離到期日時間（以年為單位）
ln	=	自然對數
σ	=	股價變化標準差（以年為單位）
N（·）=		標準常態分佈的累積概率分布函數

圖表4.3　標準常態分配的概率分佈函數圖

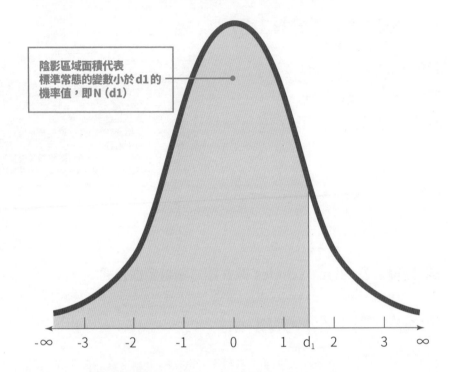

陰影區域面積代表
標準常態的變數小於d1的
機率值，即N（d1）

- ∞　　-3　　-2　　-1　　0　　1　d₁　2　　3　　∞

Black Scholes 歐式期權
假設股價隨機跟隨標準常態分配

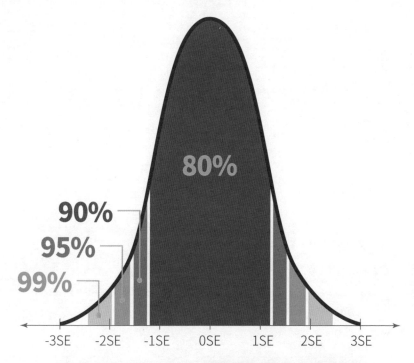

🌐 **圖表4.4　常態分佈概率與標準差**

標準差	出現概率
1.00	68%
1.28	80%
1.64	90%
1.96	95%
2.58	99%

引伸波幅與預計間距
（期權莊家即時根據市況開價）

第五課

影響期權價格的
六大因素

第五課

影響期權價格的
六大因素

期權是衍生工具，期權價格是與標的物的價格掛鈎。恒指期權的標的物是恒生指數，但各個行使價的期權金卻不一定緊貼恒生指數同步升跌，幅度會因價內價外的程度而有所不同。標的物的價格升跌只是影響期權金價格的六個因素之中比較重要的一個，但並不是絕對決定性的因素，期權價格仍會被其他五個因素同時所影響。

由於影響期權價值的參數多達六個，這也是操作期權困難之處。有時會聽到一些不熟悉期權操作的朋友表達這樣的意見，認為要準確評估股價升跌這單一因素已經很困難，為何要自討苦吃，操作一種被六個因素影響的投資工具。

不錯，期權的價格是被六個因素影響，但我們要在期權獲利，並不需要同時猜中六個因素，特別是做價外 Short Put 或 Short Call，不論結算時是升市或跌市，只要能推測到結算價在預計幅度之內，所謂跌不穿底也升不到頂，便可以獲利。

⊕ 圖表5.1　六個參數變動對期權價格的影響

考慮因素	期權價格	
	認購	認沽
標的物的價格上升（升市）	上升	下跌
行使價較高	較低	較高
無風險利率上升	上升	下跌
合約期派息上升（期指低水）	下跌	上升
距離到期日時間較長	上升	上升
引伸波幅上升（市況波動）	上升	上升

考慮因素	期權價格	
	認購	認沽
標的物的價格下跌（跌市）	下跌	上升
行使價較低	較高	較低
無風險利率下降	下跌	上升
合約期派息下跌（期指貼水）	上升	下跌
距離到期日時間較近	下跌	下跌
引伸波幅下跌（市況沉悶）	下跌	下跌

因素一 . 恒指的升跌

恒生指數的升跌，是由50隻成份股的流通量加權比重計算出來，投資氣氛好，股價大部份上升，恒生指數也會上升。而期指的升跌一般會緊隨恒指的升跌，但卻未必是一點對一點的同步，會出現高水或低水的情況。主要原因是扣除結算前股價除息的影響，以及投資者預期月尾結算價格相對現價的升跌。

雖然指數期權的標的物是恒生指數，但在實際操作，期權價格是比較緊貼期指的價格變動的。如有突發消息出現，例如中國GDP比預期差或某權重股出現重大利空消息，期指可能突然大幅低水，而期權的價格會跟期指作出變動。

由於期權價格是透過定價模型跟期指變動，加上有多個莊家同時開價，故理論上不會受「供求關係」影響價格，即期權價格是不會因為未平倉合約累積太多，而出現莊家不肯開價，或買賣差價特別闊的現象。

由於指數上升或下跌並不是期權投資者主觀所能控制的事，故需要一定的技術分析或基礎分析的底子才能較有把握掌握方向。故此只要參與指數期權交易，便必要面對這個市場風險因素。指數的變動對期權價格的影響，是用希臘字母Delta表示，在第七章會詳細解釋如何控制市場風險。

圖表5.2是2018年2月美國息口上升令股市下跌，恒指收市價和2月31000 CALL、31000 PUT的收市價記錄。兩個星期之間，恒指下跌了4.68%，31000 CALL下跌了75.2%，而31000 PUT則大升3.07倍。充份反映指數跌，CALL跌PUT升的關係。

🌐 圖表5.2　恒指升跌與期權 CALL/PUT 價格的關係

日期	恒指	變幅	31000CALL	變幅	31000PUT	變幅
2月1日	32642.1		1763		123	
2月2日	32601.8	-0.1%	1639	-7.0%	122	-0.8%
2月5日	32245.2	-1.1%	1264	-28.3%	225	82.9%
2月6日	30595.4	-5.1%	605	-65.7%	888	622.0%
2月7日	30323.2	-0.9%	308	-82.5%	1121	811.4%
2月8日	30451.3	0.4%	309	-82.5%	955	676.4%
2月9日	29507.4	-3.1%	121	-93.1%	1793	1357.7%
2月12日	29459.6	-0.2%	61	-96.5%	1659	1248.8%
2月13日	29839.5	1.3%	67	-96.2%	1379	1021.1%
2月14日	30515.6	2.3%	165	-90.6%	860	599.2%
2月15日	31115.4	2.0%	438	-75.2%	501	307.3%

因素二 . 行使價的高低

行使價愈高的CALL，表示愈價外（Out of the money），例如每月期指要升1,000點並不大困難、期權金相對有點價值；但升2,000點卻比較少見；期權金相對會較少；升3,000點的話更加困難、期權金會接近零。因為如果在結算時無法升穿CALL的行使價，那張認購期權便會變成為無價值的「廢紙」。所以當指數是32,000點時、當月31000 CALL期權會比32000 CALL期權昂貴、而33,000點幾乎是沒有價值，照樣當指數是32,000點時，當月的31000 PUT會較30000 PUT昂貴、而29000 PUT幾乎沒有價值。價外期權金由於沒有內在值，如果即日便結算的話，所有價外期權皆是「廢紙」，既沒有時間值也沒有內在值。故有人戲稱，期權交易員其實每天在買賣廢紙，因絕大部份的期權在到期日皆是報廢的。

因素三.無風險利率

如果利率上升而其他因素不變，那持貨的成本上升，投資者便會有誘因沽出現貨套現，改為投資收息工具套取無風險利率，改用資金成本較低的CALL來博取股市上升的機會，故此無風險利率上升，CALL的期權價格會上升。

現實世界，當利息上升時，也可能引致股價下跌或股價波動，因資金成本升跌對所有金融資產的價格或多或少皆有影響，所以就算期權計價模型會因應無風險利率上升而調高CALL的期權金，實際的影響可能並不顯著。一般人的直覺會認為加息股市會跌，而CALL的價格也跟隨下跌。

 ## 因素四.合約期派息

如果期權到期日前有比預期多的除息安排，換句話說，指數會出現較大的低水情況，那麼CALL的行使價便會變得更加價外，更價外的CALL期權價格會比較便宜，相反，PUT的行使價因出現較大的低水而變得比較貼價，故此期權價格會變得比較昂貴。

因素五. 距離到期日時間

期權是時間值損耗的投資產品，圖表5.3見到在2月及3月期權，相同的行使價，但期權金可以相差283點！一個月30日計，假如指數及其他因素不變，這是每天約9.4點時間值（471.6元）。筆者常常戲稱，持有一張貼價LONG期權，其實每天損耗的時間值，就像每天請對手吃一頓豪華晚餐，故LONG倉宜速戰速決。

🌐 **圖表5.3　三月相同的行使價比二月貴，多出來的就是時間值**

PUT	二月期權金	三月期權金	時間值
29400	25	119	94
29600	31	136	105
29800	38	154	116
30000	47	175	128
30200	55	199	144
30400	68	226	158
30600	86	256	170
30800	101	286	185
31000	123	324	201
31200	149	368	219
31400	181	415	234
31600	217	472	255
31800	261	527	266
32000	315	598	283

因素六.引伸波幅

愈價外的期權的價格愈便宜,原因是期權莊家認為該月結算價升穿Call的行使價,或結算跌穿Put的行使價的概率不大,故此願意以較低的價錢沽出期權。例如恒指2017年12月長期統計數字顯示,12月多是一個窄波幅的月份,引伸波幅相對較低,2017年12月大概18.61%,比2018年1月的大概20.42%低。故此12月5%價外的行使價的期權價格會比1月時相同的5%價外期權較便宜。歷史數據顯示,升跌幅度較大的月份,例如1月、5月、8月、9月、10月,引伸波幅上升,期權價格會比較昂貴。

🌐 圖表5.4　恒指自1997年至2017年每月升跌統計數字值

	1月	2月	3月	4月	5月
1997	**-1.0%**	0.6%	**-6.4%**	2.9%	14.4%
1998	**-13.7%**	24.1%	0.3%	**-9.9%**	**-14.0%**
1999	**-5.4%**	3.7%	11.0%	21.9%	**-8.9%**
2000	**-8.4%**	10.5%	1.4%	**-10.8%**	**-5.2%**
2001	6.7%	**-8.2%**	**-13.7%**	4.9%	**-1.6%**
2002	**-5.9%**	**-2.3%**	5.3%	4.2%	**-1.7%**
2003	**-0.7%**	**-1.5%**	**-5.4%**	1.0%	8.8%
2004	5.7%	4.6%	**-8.8%**	**-5.8%**	2.1%
2005	**-3.6%**	3.5%	**-4.8%**	2.9%	**-0.3%**
2006	5.9%	1.0%	**-0.7%**	5.4%	**-4.8%**
2007	0.7%	**-2.3%**	0.8%	2.6%	1.6%
2008	**-15.7%**	3.7%	**-6.1%**	12.7%	**-4.7%**
2009	**-7.7%**	**-3.5%**	6.0%	14.3%	17.1%
2010	**-8.0%**	2.4%	3.1%	**-0.6%**	**-6.4%**
2011	1.8%	**-0.5%**	0.8%	0.8%	**-0.2%**
2012	10.6%	6.3%	**-5.2%**	2.6%	**-11.7%**
2013	4.7%	**-3.0%**	**-3.1%**	2.0%	**-1.5%**
2014	**-5.5%**	3.6%	**-3.0%**	**-0.1%**	4.3%
2015	3.8%	1.3%	0.3%	13.0%	**-2.5%**
2016	**-10.2%**	**-2.9%**	8.7%	1.4%	**-1.2%**
2017	6.2%	1.6%	1.6%	2.1%	4.2%
升	9	13	11	16	7
跌	12	8	10	5	14
跌市概率	57.1%	38.1%	47.6%	23.8%	66.7%
升跌幅中位	**-1.0%**	1.3%	0.3%	2.6%	**-1.5%**
最大升幅	10.6%	24.1%	11.0%	21.9%	17.1%
最大跌幅	**-15.7%**	**-8.2%**	**-13.7%**	**-10.8%**	**-14.0%**
標準差	7.3%	6.5%	5.9%	7.6%	7.6%

6月	7月	8月	9月	10月	11月	12月
3.0%	7.7%	**-13.6%**	6.5%	**-29.4%**	**-0.9%**	1.9%
-4.4%	**-7.1%**	**-8.3%**	8.4%	28.8%	2.4%	**-3.4%**
11.4%	**-2.6%**	2.2%	**-5.6%**	4.1%	16.0%	10.3%
9.8%	4.2%	1.5%	**-8.5%**	**-4.8%**	**-6.1%**	7.9%
-1.0%	**-5.6%**	**-10.0%**	**-10.3%**	1.2%	12.0%	1.0%
-6.2%	**-3.1%**	**-2.2%**	**-9.7%**	4.1%	6.7%	**-7.4%**
0.9%	5.8%	7.6%	2.9%	8.6%	1.0%	2.1%
0.7%	**-0.4%**	5.0%	2.1%	**-0.5%**	7.7%	1.2%
2.4%	4.8%	0.2%	3.5%	**-6.8%**	3.8%	**-0.4%**
2.6%	4.3%	2.5%	0.9%	4.5%	3.5%	5.3%
5.5%	6.5%	3.4%	13.2%	15.5%	**-8.6%**	**-2.9%**
-9.9%	2.8%	**-6.5%**	**-15.3%**	**-22.5%**	**-0.6%**	3.6%
1.1%	11.9%	**-4.1%**	6.2%	3.8%	0.3%	0.2%
1.8%	4.5%	**-2.3%**	8.9%	3.3%	**-0.4%**	0.1%
-5.4%	0.2%	**-8.5%**	**-14.3%**	12.9%	**-9.4%**	2.5%
4.4%	1.8%	**-1.6%**	7.0%	3.8%	1.8%	2.8%
-7.1%	5.2%	**-0.7%**	5.2%	1.5%	2.9%	**-2.4%**
0.5%	6.8%	**-0.1%**	**-7.3%**	4.6%	**-0.0%**	**-1.6%**
-4.3%	**-6.1%**	**-12.0%**	**-3.8%**	8.6%	**-2.8%**	**-0.4%**
-0.1%	5.3%	5.0%	1.4%	**-1.6%**	**-0.6%**	**-3.5%**
0.4%	6.1%	2.4%	**-1.5%**	2.5%	3.3%	2.5%
13	15	9	12	15	12	13
8	6	12	9	6	9	8
38.1%	28.6%	57.1%	42.9%	28.6%	42.9%	38.1%
0.7%	4.3%	**-0.7%**	1.4%	3.8%	1.0%	1.0%
11.4%	11.9%	7.6%	13.2%	28.8%	16.0%	10.3%
-9.9%	**-7.1%**	**-13.6%**	**-15.3%**	**-29.4%**	**-9.4%**	**-7.4%**
5.3%	5.0%	5.9%	8.1%	12.0%	6.0%	4.0%

從引伸波幅
看期權莊家的底牌

第六課

從引伸波幅
看期權莊家的底牌

從定價模型中我們得知有六個影響恒指期權價格的因素，除了引伸波幅之外，其他五個是客觀的市場數據。所謂客觀數據的意思，是指任何市場參與者包括期權莊家，皆可以根據當時的市場成交報價，獲取相同的數字。這五個客觀的因素是：

1. **期指價格及相對恒指的高低水點數**
2. **所選期權行使價與該月期指所相差點數**
3. **所選期權距離到期日的餘剩時間**
4. **當時的無風險利率**
5. **到期前的除息金額 (可以從期指低水點數反映)**

由於引伸波幅並非一個市場客觀的數據，每個莊家及市場參與者都可以因應市場的現況，例如成份股的盈利會否變壞、期指低水的點數有無擴大、跌市時期指未平倉合約是否增加、沽空比率是否持續在高位等等，開出不同的引伸波幅。假如莊家評估指數成份股的價格上落幅度會加劇，指數的上落也會跟著增加，那麼就算其他五個因素並沒有變動，因為引伸波幅上升而令到期權價格變得更加昂貴，Long Call 或 Long Put 便要付出較多成本，以補償莊家或做 Short Call 或 Short Put 的對手所面對的市場風險。

引伸波幅與恒指是反方向

期權定價模型是假設股價是常態分佈（Normal Distribution）。如果莊家開出等價期權的引伸波幅是20的話，意思是一年內現價一個標準差上落幅度大概是20%，也即是說一年內的68%概率預計上落區間是20%。由於莊家的市場資訊比一般投資者有優勢，故開出的引伸波幅高低是直接反映他們對當時的期權的供求、及後市上落波幅的判決，開出的引伸波幅、及升跌趨勢有參考價值。

一般來說引伸波幅與恒指是反方向的，當見到引伸波幅逐漸上升，表示莊家預期市場的波動將會增加，而波動增加，一般情況指數會有壓力。一般來說，市場恐慌性上升的機會較少，多是見到恐慌性下跌。故此波幅指數俗稱「恐慌指數」。如果波幅指數趨跌，市場對後市比較樂觀，相反波幅指數見底上升，或上升時見波幅，股市在高位有調整的壓力。

通常較遠期的引伸波幅會比較近期的高，因為愈遠期的市況愈難估計其上落幅度，所以用較高的引伸波幅去補償可能出現的差異。為方便投資者觀察即月及下月較近期的引伸波幅的變化，恒指公司發放即時的恒指波幅指數VHSI，詳情可參考官方網站http://www.hsi.com.hk。

恒指波幅指數見底上升，一般也是恒指見頂回調的時間。

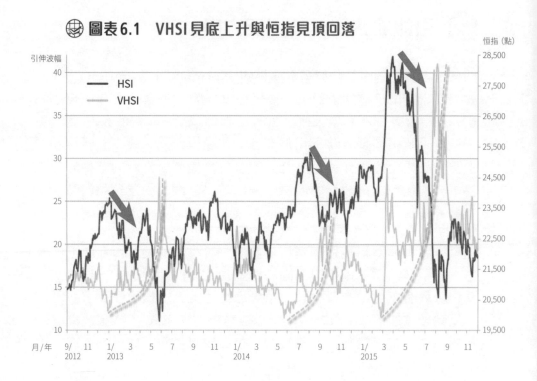

圖表6.1 VHSI見底上升與恒指見頂回落

例子一：

2013年1月25日恒指波幅指數（VHSI）收12.28見近年的低位，並且連續三天在低於13的低位後開始上升，而恒指同時在23,822高位遇到壓力，到2月26日VHSI收18.11見近期的頂，而恒指收市在22,519尋到支持不再下跌，調整大約一個月時

間，調整幅度 1,310 點（-5.5%），VHSI 上升了 5.8 點，或俗稱「升了 5.8 個窩」。期權莊家由於是需要兩邊開價，故此當莊家認為指數會大升大跌便會拉高引伸波幅，當預計的機會不大時，便會調低期權的價格。

另外，VHSI 一個月上升約 6 個窩、而恒指一個月的時間調整 5.5%，其實並不罕見，仍然可視作健康的調整。故此就算指數仍然向下而 VHSI 連續幾天並不跟隨再向上，很可能是期權莊家認為短期恒指已見到有支持力，或最少期權莊家並不預期會再出現急跌。

例子二：

2015 年 5 月 26 日恒指收市第三次上試 28,000 阻力區，技術走勢出現三頂形態。當日恒指收市 28,249，VHSI 收 19.87。其後恒指因內地 A 股場外配資的金額過於龐大觸發斬倉潮而下跌，到 9 月 4 日，VHSI 收市高見 41.01 之後逐漸回落，這段時間經歷了共 101 個日曆日、或 72 個交易日，VHSI 升了 21.14 窩，而指數由 28,249 到 20,583 下跌了 7,666 點（-27.1%）。

例子三：

2015 年結時，恒指大概是 22,000 點，而 VHSI 大概 24%，即莊家預期 2016 年 68% 概率上落幅度是 5,280 點，即介乎 16,720 至 27,280 之間。

圖表6.2　恒指波幅指數的歷史數據

	2011	2012	2013	2014	2015	2016	2017	2018*
最高	58.61	33.39	30.18	23.63	46.89	37.99	20.17	30.53
最低	15.74	12.98	12.18	11.27	11.52	14.3	11.31	12.84
年終	24.62	17.82	13.54	17.54	18.49	16.89	14.6	24.56

*截至2月數據

常態分佈概率與標準差

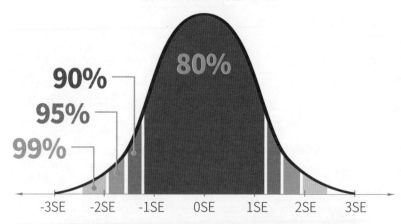

標準差	出現概率
1.00	68%
1.28	80%
1.64	90%
1.96	95%
2.58	99%

例子四：

恒指31,000點，如果莊家開出的引伸波幅是20%，未來一年的68%預計區間範圍是31,000×0.2＝6,200點，即24,800至37,200點。如果引伸波幅（IV）是15%的話，68%預計範圍是31,000×0.15＝4,650點，即26350至35650點。簡單的理解，引伸波幅 × 期指點數大概就是七成概率的預計上落幅度。

在統計學上，如果時間減半，那常態概率並非按照比例減半，而是按2的平方根遞減，故此

$$\text{半年的預計上落幅度是 } IV \div \sqrt{2} = VHSI \div 1.414 ;$$
$$\text{一季的預計上落幅度是 } IV \div \sqrt{4} = VHSI \div 2.000 ;$$
$$\text{兩個月預計上落幅度是 } IV \div \sqrt{6} = VHSI \div 2.449 ;$$
$$\text{一個月預計上落幅度是 } IV \div \sqrt{12} = VHSI \div 3.464 ;$$
$$\text{一個星期預計上落幅度是 } IV \div \sqrt{52} = VHSI \div 7.211 。$$

比較爭議性的是每天的預計間距應是使用每年的日曆日（365天）、或是交易日（252天）計算。由於股價在假日基本上是沒有波動，波動總是在交易日出現，故此邏輯上，操盤手多會使用252的平方根計算，即預計間距是 VHSI/15.875，但這個並不是定律。

圖表 6.3　恒指 28,000 點的一個標準差預計上落幅度

IV	一年	半年	一季	兩個月	一個月
15.0	4200	2970	2100	1715	1212
17.5	4900	3465	2450	2000	1415
20.0	5600	3960	2800	2286	1617
22.5	6300	4455	3150	2572	1819
25.0	7000	4950	3500	2858	2021
27.5	7700	5445	3850	3144	2223
30.0	8400	5940	4200	3429	2425
32.5	9100	6435	4550	3715	2627

圖表 6.4　恒指 32,000 點，引伸波幅與不同到期日的預計上落幅度

IV	一年	半年	一季	兩個月	一個月
15	4800	3394	2400	1960	1386
17.5	5600	3960	2800	2286	1617
20	6400	4525	3200	2613	1848
22.5	7200	5091	3600	2939	2078
25	8000	5657	4000	3266	2309
27.5	8800	6223	4400	3593	2540
30	9600	6788	4800	3919	2771
32.5	10400	7354	5200	4246	3002

由於一個標準差只是68%概率，推測預計距離的把握未必足夠。圖表6.5列出68%、80%及90%的預計距離。例如2017年12月恒指在32255點水平，VHSI大概是16，之後恒指於2018年一月開局後急升。使用一個標準差，推算3個月的間距是$0.5 \times VHSI \times 32255 = 0.5 \times 16\% \times 32255 = 2580.4$點，即上方預計區間是34835.4點，而下方預計區間是29674.6點。如使用80%的預計距離是$0.64 \times 16\% \times 32255 = 3302.91$點，即上方預計區間35557.91點，而下方預計區間是28952.09點。如使用90%的預計距離是$0.820 \times 16\% \times 32255 = 4231.85$點，即上方預計區間$32255 + 4231.85 = 36486.85$；而下方預計區間$32255 - 4231.85 = 28023.15$。1月2日，恒指乘著上年度的重大升幅，令股市繼續上揚，當月高位33484點，之後2月因為美債息上升令恒指回落至29459收市低於一個標準差下方區間 29674.6，之後2月12日港股開始反彈，四個交易日內反彈超過1600點，2月15日收市報31115點。故此，在重要轉角位，參考當時莊家開出的引伸波幅，對判決未來兩、三個月的重要支持位十分有參考價值。

🌐 圖表6.5　恒指32,255點，引伸波幅與不同到期日的預計上落幅度

Factor×VHSI×指數	一個標準差 68%預計間距	1.28標準差 80%預計間距	1.64標準差90% 90%預計間距
一年	1.000	1.280	1.640
半年	0.707	0.905	1.160
一季	0.500	0.640	0.820
兩個月	0.408	0.523	0.670
一個月	0.289	0.370	0.473
一星期	0.139	0.178	0.227
一日	0.063	0.081	0.103

例子：2月9日由29508點反彈，當時 VHSI　28.29，未來兩個月8成預計上落區間是 $0.523 \times 29508 \times 0.2829 = 4,365.9$ 點，即8成預計區間介乎25142至33874點。這是莊家在市場非常惶恐時開出的引伸波幅，認為恒指在3月季結時較強的支持和阻力位，不容易跌穿或升破。

引伸波幅與期權金的關係

如果莊家和主要的期權交易參與者認為未來市況的波動減少，期權的價格自然變得便宜。故此，說引伸波幅上升而影響到期權金的上升，其實是有點倒果為因的，比較準確的說法應該是，因為期權金突然上升了而指數及利率的客觀因素卻沒有特別的改變，那市場人士為了合理地解釋期權金上升的原因，便使用「引伸波幅上升」作為原因。因為透過定價模式，投資者可以推算出期權金上升的幅度與引伸波幅的數學關係。這便是期權風險參數 Vega，計算每上升一個引伸波幅百份點，所引致期權金上升的關係。

再舉一個例子：2016年1月4日開市後，由於A股熔斷機制實施第一天便觸及7%幅度跌停，市場有點恐慌情緒。遇到突發事件引至市場較大的波動，我們可以參考上一個交易日的恒指引伸波幅（VHSI），比較當日開市到下午3時的最高引伸波幅上升的點數，從而評估期權莊家的「底牌」，猜測短期下跌目標在甚麼價位。例如2015年12月31日，恒指收21,914點而VHSI收18.49；到1月4日2:30pm左右，恒指跌至低位21,227點，共跌687點（3.1%），而VHSI升至全日高位23.92，共升了5.4個百分點，或簡稱升了5.4窩，由21,914點計，即莊家預計一個標準差的預計間距擴闊了5.4%或1,183點。

換句話說，1月4日莊家開出來的「底牌」是認為恒指短線有68%概率見21,914－1,183＝20,731點。 如果1月的引伸波幅再升高於23.92，恒指仍有向下調的壓力。例如1月6日高見25.46，再多了1.54窩共漲了6.97窩，那量度跌幅便是1,527點，即莊家認為1月的下跌目標可達21,914－1,527＝20,387。結果引伸波幅繼續上升，而期指跌穿20,387。

使用 Delta
控制持倉風險

第七課

使用Delta
控制持倉風險

想在期權贏錢，要認識三個希臘文：Delta、Theta及Vega。它們代表持倉風險參數，懂得這些希臘文，操作期權能準確預計利潤和風險。我會在第七至九課詳述。

Delta表示期指每升1%對期權金的影響、Theta表示期權金每天損耗的時間值、Vega表示引伸波幅每升1%（一個「窩」）對期權金的影響。

Delta的定義是標的物每升一個百份點，期權的相對變化。在期權市場，風險參數Delta（對沖比率）是用來量化持倉組合的風險。假如恒指期權持倉是Delta 0.5的話，理論上恒指上升100點，賬面盈利便是50點（不計算時間值損耗、引伸波幅變化等影響期權金的因素）。

一般來說，如看好後市，持倉為正數Delta，如看淡後市，持倉為負數Delta。正數的數值愈大，表示愈看好後市，恒指上升時賬面獲利愈大。不過衍生工具是兩面利刃，假如持有Delta 10好倉，假如遇到股市上升200點，可賺10×200×$50＝10萬元，不過如果市況逆轉向下跌200點的話，賬面的虧損理論上便是10萬元！

Delta買方向：如果看好後市以Long Call或Short Put持倉維持正Delta值，相反看淡後市則以Short Call或Long Put持倉維持負Delta值。一個Delta相當於一張期指持倉的風險，現時期指每天上落約450點，即持倉每個Delta承受22,500元風險。等價CALL大概0.5Delta，等價Put大概是負0.5Delta、價外Delta的絕對值相對較少。例如2月32000CALL Delta 0.51，即Long Call看好，但看錯市的話預計一日的正常虧損可達0.51×450×50＝$11475、32800CALL Delta 0.32，即看錯市預計正常虧損可達0.32×450×50＝$7200。

恒生指數每天上落200至300點是常見的事，假如想比較準確的計算持倉過市的風險，可參考期權莊家開出的引伸波幅，然後以常態分佈的統計算式評估過市風險：

方程式是：

恒指當天支持位 × 當日恒指引伸波幅 ÷ 252平方根

期權莊家開的引伸波幅是一年一個標準差與平均數的上落百分率，因為一年有252個交易日，所以計算一天的上落百分率，分母需要除以252平方根。

例如：今日恒指收31,000點，恒指引伸波幅25%，預計過市風險是

＝31,000×0.25÷252平方根
＝31,000×0.25÷15.875
＝489點或24,450元

🌐 圖表7.1　使用恒指點數及引伸波幅來評估一個Delta的過市風險（每點50元）：

恒指收報（點）	恒指引伸波幅						
	15.0%	17.5%	20.0%	22.5%	25.0%	30.0%	35.0%
	過市風險（元）						
20,000	9,449	11,024	12,599	14,174	15,749	18,898	22,048
22,000	10,394	12,126	13,859	15,591	17,323	20,788	24,253
24,000	11,339	13,229	15,119	17,008	18,898	22,678	26,458
26,000	12,284	14,331	16,378	18,426	20,473	24,568	28,662
28,000	13,229	15,434	17,638	19,843	22,048	26,458	30,867
30,000	14,174	16,536	18,898	21,261	23,623	28,347	33,072
32,000	15,119	17,638	20,158	22,678	25,198	30,237	35,277
34,000	16,063	18,741	21,418	24,095	26,772	32,127	37,481

對很多人來說，每日贏輸萬六元是頗大的注碼。故此一個Delta
的風險也相當大，由於期指的升幅與恒指相約，故此持有或沽
出一張期指，在期權莊家的角度，是有68%的風險賬面損失萬
多元。具體的恒指點數，恒指引伸波幅及每個Delta過市的風險
（每點50元），可參考圖表7.1。由於引伸波幅愈大，理論上點
數的上落幅度也愈大，故此在引伸波幅上升的情況，應按數據
表的金額酌量增加約25%來評估過市的潛在風險。

有些關於Delta的基本原則需要留意：

（1）期指與Delta

期指長倉，買入一張期指，Delta永遠是等於＋1。
期指短倉，沽出一張期指，Delta永遠是等於-1。
期指長倉，買入一張小型期指（細期），Delta永遠是等於＋0.2。
期指短倉，沽出一張小型期指（細期），Delta永遠是等於-0.2。

如買入兩張期指，不論何時買入，Delta也是＋2，即恒指上升
100點，理論上持倉上升200點（10,000元）。

先買入一張期指後，當恒指上升，可使用小型期指分注鎖定
利潤，減低過市的風險。如31,000點買入一張期指，然後在
31,000點沽出兩張細期指，那Delta是1.0 - 0.4 = 0.6，即
恒指上升100點，理論上持倉上升60點（實現利潤（realized
profit）$0.6 \times 100 \times 50 = 3,000$元）。

(2) 等價期權（At The Money Options）

等價期權指行使價與恒指現價非常接近。等價CALL Delta大概是0.5、等價PUT Delta大概是-0.5。

LONG CALL等價Delta＝0.5，SHORT CALL等價Delta＝-0.5;
LONG PUT等價Delta＝-0.5，SHORT PUT等價Delta＝0.5

(3) 價內期權（In The Money Options）

CALL的行使價低於恒指現價，是價內CALL，Delta是0.5至1之間，CALL的行使價愈低Delta愈接近1。

PUT的行使價高於恒指現價，是價內PUT，Delta是-0.5至-1之間，PUT的行使價愈高Delta愈接近1。

由於價內期權比較昂貴，很多時期權投資者用作代替期指倉位，即SHORT價內PUT代替期指好倉，SHORT價內CALL代替期指淡倉。好處是按金較少，缺點是買賣差價闊難以平倉。

例子：恒指現時31,000點，那30,000點CALL是價內1000點的CALL，期權金的內在值起碼1,000點，再加少許時間值。

(4) 價外期權 (Out of The Money)

CALL的行使價高於恒指現價，是價外CALL，Delta是0至0.5之間，CALL的行使價愈高Delta愈接近零。

PUT的行使價低於恒指現價，是價外PUT，Delta是0至-0.5之間，PUT的行使價愈低Delta愈接近零。

*例子：*恒指現時31,000點，那30,000點PUT是價外1,000點，32000 CALL也是價外1,000點。

Delta愈接近零，表示期權莊家開出的價格啟示在結算日不到價，該期權合約成為沒有價值的「廢紙」機會較大。故此操作期權，要在超買的時候，人人樂觀而股價有機會見頂時選Delta較細（例如Delta 0.1）的Short Call、或Long Put輕微價外（例如Delta 0.25或700至900點價外）。

相同行使價的CALL，下月的Delta會高於即月，Delta是「廢紙」指標。由於下月期權仍有時間上下波動，故相同的行使價Delta會比較高（接近＋1）。同樣，相同行使價的PUT，下月的絕對值會比較高（接近-1）。

*例子：*恒指現價31,100，即月28600 PUT的Delta是-0.16、而下月28600 PUT是-0.26。即月33400 CALL的Delta是0.11、而下月33400 CALL的Delta是0.21。

賺 Theta
就是賺時間值

第八課

賺Theta
就是賺時間值

在股票市場，常聽到有投資者抱怨說：「早知騰訊跌了10元便反彈，我應該出手掃貨，現在買不到，又要等了下一次機會。」投資者其實是有錢入市的，但總要等心目中合理的股價出現才肯出手，在等待的過程其實是很煎熬的。古語有云：「一寸光陰一寸金」，等待的時間其實能否量化其價值？

在期權市場，的確是可以客觀量化的，因在期權計價模型，距離到期日是其中一個計算價值的參數，即希臘Theta。

Theta賺時間值：期權是可以自行決定「做莊、做閒」，Short Put及Short Call付按金賺時間值，等同做莊，贏盡是所收期權金，而輸一點則輸$50，可以虧損很大。舉例，現時2月31200 Short Put收期權金315點即$15,750，而Theta即是每日可賺的時間值，9.04點＝$452。持倉到結算贏盡$15,750，但如果期指跌至打和價31200-315＝30885，則每跌一點輸$50。跌市持有Short Put虧損極大。

假如現時恒指是30,000點，一個1,000點的29000PUT或31,000點的價外CALL，是沒有內在值（intrinsic value），只有時間值（time value），而時間值就是理論上每天時間值的損耗。

📊 圖表8.1　恒指32,000點，引伸波幅20%，即月PUT月理論期權價及時間值（每點50元）

	PUT期權價格	Theta	每日損耗 (元)	每日損耗 (%)
等價期權	617	12.12	605.8	2.0%
200點價外	529	11.86	593.0	2.2%
400點價外	449	11.46	573.0	2.6%
600點價外	378	10.93	546.4	2.9%
800點價外	315	10.28	514.1	3.3%
1,000點價外	260	9.55	477.3	3.7%

📊 圖表8.2　恒指32,000點，引伸波幅20%，下月PUT理論期權價及時間值（每點50元）

	PUT期權價格	Theta	每日損耗 (元)	每日損耗 (%)
等價期權	925	8.39	420	0.9%
200點價外	831	8.29	415	1.0%
400點價外	744	8.15	407	1.1%
600點價外	663	7.95	397	1.2%
800點價外	588	7.71	385	1.3%
1,000點價外	519	7.42	371	1.4%

期指是方向性的投資工具，沽出期指不能賺取時間值，買入期指也不會損耗時間值，純粹是根據指數的升跌決定輸贏的金額，標準合約（大期）每點50元、小型合約（細期）每點10元。

牛熊證和窩輪之類的投資工具也是方向性的投資工具，只有港交所認可的發行商可以推出產品，發行商銷售產品承受市場升跌的風險，一般投資者看好後市買牛證或CALL輪，看淡後市買熊證或PUT輪，投資者只能夠先買後沽，買入牛熊證或窩輪之後遇著窄幅上落的牛皮市，每天會損失時間值或財務費用。

而期權是容許小投資者做買方或賣方，買方其實與CALL輪相似，付出期權金，假如看好後市Long Call、看淡後市Long Put。期權比較吸引的地方是，小投資者如覺得後市跌有限，低位有支持，是可以Short Put（沽出認沽期權）收取期權金等待結算或平倉機會，如看後市升有限可以Short Call，只要結算不高於所選定的行使價，所收取的期權金便可袋袋平安。由於港股每星期約有600至800點波幅，故1,000點價外PUT和CALL是很活躍的。

Long Call和 Long Put，Theta值必然是負數。由於每天的時間值不論指數升跌，也會從期權價格遞減，故此必然是負數。所謂賺時間值，意思是建立一個正值Theta的組合。

Short Call和Short Put皆是賺時間值的期權策略。所謂賺時間值，就是每天賺取Theta值。

一個即月1,000點價外的期權，假如引伸波幅是20左右，Delta值在月初時大概稍多於0.1，港股每日波幅200點是很正常的幅度，故這個1,000點價外的期權，每天價格變化可以是20點（1,000元）上落，但時間值只是收縮約5點，故此Short Put一天所賺的期權金是不足以抵銷正常200點的每日波幅，新手未掌握到期權金相對指數的變化，切忌大手做Short Put或Short Call，因賣出期權只能贏有限的期權金賺時間值，但理論上可以輸無限的。當然，實際上每月3,000點以上的波幅比較少見，但輸3,000點的虧損是十數萬元，後果可以很嚴重。

總的來說，在超賣見有支持才開Short Put倉、超買見阻力才開Short Call倉較穩妥。Short Put和Short Call屬於高風險的投資，一定要小心了解其中涉及的風險。千萬不要輕易相信坊間流傳操作期權賺取時間值十分容易。

參照即月和下月的期權數據，可以得出以下關於時間值的通則：

1. 無論是即月或下月期權，等價期權比價外期權更加昂貴，雖然等價期權每天可賺的時間值以金額計算是比相同月份的價外期權較多，但價外期權每天時間值損耗的百份率卻比較高，故沽出價外期權賺取時間值是比較可取的策略。

2. 下月期權比即月期權昂貴，而且相同行使價的下月期權每天可賺的時間值以金額計算是比即月期權少，故沽出即月價外期權賺取時間值，是比沽出相同行使價的下月期權更可取的策略。

3. 時間值損耗是以日曆日計算,就算不是交易日也能賺取時間值。

4. 一個1,000點價外期權,一個月的時間值約260點(13,000元),一個等價期權,一個月的時間值約519點(25,950元)。要留意如果引伸波幅上升,期權金會變得昂貴,時間值也較多。

5. 一張1,000點即月價外期權,每日損耗約520元(4%),雖然是小數目,但只要市況維持窄幅400點上落十天,價外期權的時間值損耗很容易便有10%至20%的幅度。

6. Short Put可以賺時間值但最怕遇到大跌市、而Short Call則最怕遇著大升市,故此做期權賣方的投資者多會使用期權長倉,一般做法是Long Call對沖Short Call、Long Put對沖Short Put、期指長倉對沖Short Call、期指短倉對沖Short Put。

7. 愈接近結算,時間值損耗更快。圖表8.3是2018年2月32,000點CALL的期權價格走勢圖,由於當時港股走勢弱,在上升幅度有限的情況沽出認購期權,Short Call的回報很可觀,恒指一月尾走勢明顯向下,而32000CALL的期權金由一月尾最高位約1,557點快速收縮到二月尾只有一、兩點的價值。

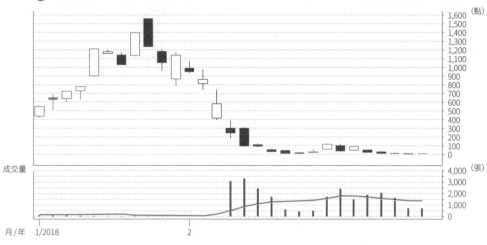

🌀 **圖表8.3　2月32000CALL，恒指下跌，CALL期權金跟隨下跌**

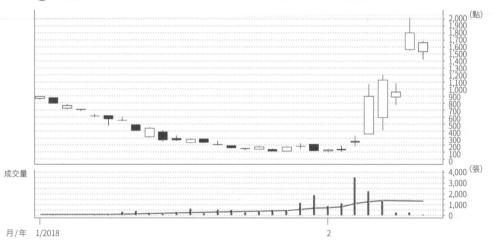

🌀 **圖表8.4　2月31000PUT，恒指大跌，PUT期權金大漲**

第八課　賺 Theta 就是賺時間值

8. 投資者切忌貪圖賺取時間值而沽出過量期權，因為2,000點價外看似安全，但Short Put遇著急跌市，虧損可以十分嚴重，例如投資者見2018年2月期指開市32,844點，沽出2月31000點PUT，由於相隔2,000點以為很安全，原本打算收約84點（4,200元）每天賺幾百元時間值等結算，但卻遇上單邊向下的大市，恒指由2月1日開市32,844點到期指2月最低位29000點，相差3,844點（11.7%）、而原本是2,000點價外的31000PUT，期權金由2月1日約84點、大升到最高價31,000 - 29,000＝2,000點，升了23.8倍！最高位時，每張Short Put輸1,800 - 84＝1,716點（85,800元）！（詳見圖表8.4）

風高浪急
留意Vega變化

第九課

風高浪急
留意Vega變化

在股票市場，很多投資者習慣了長線持有股票，用作每年收取股息、資本增值。有些思維比較傳統的投資者認為，買入正股長線持有才是王道的投資方法，而期權是屬於衍生工具，會被認定為非常高風險的投資工具，不願意花時間去認識操作方法，結果在投資組合中缺少了一種迴避風險的工具。

 ## 引伸波幅　量度風險

由於股票市場長線是上升的，長線必勝的想法不是錯，但在2007年開始美國陸續爆發次按危機，大量被包裝成低風險的債務抵押債券（Collateralized Debt Obligation，CDO）推出市場，當美國房價下跌趨勢被確認，首先是普通小業主無法償還貸款，然後輪到一些缺乏存款基礎的小型地區銀行的債券不能續期（Roll Over）、無法再發新債融資獲取新資金、出現資不抵債的倒閉潮。資金鏈斷裂，繼而影響AIG大型保險公司、美銀、花旗、摩根等大銀行股價也大跌，到2008年9月國際投行雷曼倒閉，市場情緒十分恐慌，16日開市，恒指單日大跌1,052點收18,300點、17日恒指再大跌663點收17,637點，當天的恒指引伸波幅約49.4%。

美國的次按危機不斷向歐亞地區擴散，2009年是香港股民的「大時代」。當年3月9日滙控（0005）因需要大折讓供股以補充資本，股價竟然單日急跌24%，收市報33元，拖累當日恒生指數也下跌576點收11,344點，當天的恒指引伸波幅約52.9%。其後各國央行聯手推量化寬鬆，為市場提供資金。

在期權市場，引伸波幅是量度風險的指標，美國芝加哥期貨交易所的VIX指數期貨交易相當活躍，每當市場下行風險增加，股市大跌，而引伸波幅便會大升，兩者是反向關係。故此波幅指數也被投資者稱作「恐慌指數」。從雷曼破產、及滙控大折讓供股這兩件金融恐慌性事件，見到恒指引伸波幅由大約40%升到50%，約10%百份點升幅，行內人通常稱升了10個窩。究竟這是甚麼意思？

Vega 量度引伸波幅對期權金影響

原來在期權市場，引伸波幅的數值以百份點來表示，就是莊家和投資者在期權價格搏奕後，大家得到預期標的物一年之內一個標準差距離的共識，由於一個標準差的上落，大概是68%概率的預計間距（Expected Range）。故此用日常語言來表達恒指引伸波幅40%，意思就是期權莊家預計恒生指數一年之內有大約68%概率上升或下跌40%。

2008年8月雷曼破產事件發生時，恒指在19,000點爭持，當時莊家預計較差的情況，一年會有40%下跌空間，即7,600點跌幅。後來，出現雷曼事件，莊家將引伸波幅調高到49.4%，那天恒指收市18,300點，即莊家預期一年的下跌空間是18,300×0.494＝9,040點，恒生指數的非常強力支持位是18,300－9,040點＝9,260點。換句話說，莊家並沒有信心可以守到一萬點大關！

在期權市場，Vega是量度引伸波幅每升一個百份點，期權金的變化。Vega賺引伸波幅：現時等價期權引伸波幅約13.8相對偏低，如覺得引伸波幅會上升，可持有Long倉。例如22800PUT Vega是26.91＝$1,345.5，即是引伸波幅升一個「窩」所賺的期權金。一般來說，升市會「縮窩」、跌市會「升窩」。

例子： Long Put22800付期權金339點，Delta＝-0.47、Theta＝8.43、Vega＝26.91，如持倉一天，期指跌200點、升一個「窩」，理論上期權金賺Delta 200×0.47＝94點、輸一天時間8.43點、賺一個「窩」26.91，合共94-8.43+26.91＝112.48＝$5,624。回報33%。圖表9.1假設所有其他因素不變，單是引伸波幅上升對期權PUT價格的影響。

🌐 圖表9.1　假設31000點即月期權PUT，引伸波幅對期權PUT價格及Vega的影響

行使價	引伸波幅 IV = 30		引伸波幅 IV = 20		期權金變化 (元)	(倍)
	理論價	Vega	理論價	Vega		
29000	321.27	25.29	102.73	17.31	10927	3.1
29400	423.63	28.46	164.44	22.39	12960	2.6
29800	547.33	31.20	251.33	27.30	14800	2.2
30200	693.78	33.34	368.06	31.44	16286	1.9
30600	863.91	34.77	518.20	34.27	17285	1.7
31000	1058.08	35.42	703.82	35.43	17713	1.5

留意以下重點：

1. 當引伸波幅上升1%，一個月到期的CALL或PUT的期權金便會上升一個Vega。附圖例子見到一個即月到期的等價期權，每個vega大概是20點、即約1,000元。如升10個窩，期權金按比例上升10個vega，即大約上升200點，約一萬元。

2. 貼價期權的Vega較高，如接近結算，Vega值會較低，較遠期期權，Vega值會較高。

3. 一般期權新手開Put倉，比較關心指數的升跌Delta，卻忽略了引伸波幅Vega的殺傷力。一個等價期權delta 0.5，如跌200點，期權金上升100點，如果vega是 20點的話，引伸波幅上升5個窩，效果跟指數下跌200點相約。

4. Long Call或Long Put、Vega 正值，引伸波幅上升會對持長倉期有利。Short Call或Short Put、Vega 負值，引伸波幅上升會不利。

5. 通常Theta值是小於Vega，Short Put一天時間所賺的Theta，如少於因為引伸波幅上升而上升的Vega，那當天除了輸Delta、還要輸Theta和Vega的差價。

風險參數的應用例子：

29000 Short PUT收500點期權金，Delta 0.5、Vega 20、Theta 14

如指數一天跌了100點，引伸波幅升了3%，那理論上Delta令期權金上升$0.5 \times 100 = 50$點；Vega令期權金上升$3 \times 20 = 60$點，而Theta令期權金收縮14點。即期權金上升$45 + 60 - 14 = 91$點（4,550元）。

第二部分

修煉進階
期權策略

以市盈率
估算恒指高低位

第十課

以市盈率估算恒指高低位

人是理性的動物，而理性的基礎建立在經驗，對曾經發生過的事實進行歸納以及推理，然後作出合理的決定。

假如一個男士過往 10 年每次參加生日派對皆會喝醉酒，那基於對歷史數據的分析，可以頗為合理地預計他在今年的生日派對也會醉酒，假如過往 20 年皆無例外，那預計他今年的派對也會醉酒的機會更高，由於已知所有參加的生日派對皆醉酒，從而推論出今年他參加生日派對也會醉酒，這是對已知的歷史事實進行歸納的理性推論，稱作歸納法（induction method）。

 ## 要熟悉恒指歷史數據

一般來說，歷史數據愈多，愈能夠簡單分類作出描述（參加生日派對與醉酒），所歸納出的結論愈可靠。

但世事總有例外，假如今年的生日派對是在一個孤島上進行，島上只有非常小量的酒類飲品供應，而派對開始後對外的交通也隔絕了，基於這個現實情況的推論，無論這位男士是如何喜歡喝酒，過往 20 年每次參加生日派對也會醉酒，今年也很難會醉酒了，因為現實客觀環境根本不容許他喝醉，對特定情況進行的邏輯推理，叫作演譯方法（deduction method）。

投資世界也一樣，我們如果愈熟悉恒生指數的歷史數據，在決定建倉做好或買時，便可以根據經驗作出最合理而勝算較高的決定。但同時，又要不斷的問，究竟今次跟過往的情況有沒有不同，是否一個特殊例子需要特別處理？只有當預計概率足夠，才決定下注，是理性投資必須具備的條件。

例如可參考恒指公司（www.hsi.com.hk）公布的最近10年的歷史市盈率，恒指在2008年12月最後一天的交易日，最低的市盈率是8.5倍，當時是面對2008年次按危機，投資銀行雷曼倒閉引發全球信貸危機的金融海嘯。

🌐 圖表10.1　恒指歷史市盈率

年份	恒指收市	市盈率
2017	29,919.20	16.01
2016	22,000.60	10.86
2015	21,914	8.9
2014	23,605	11.0
2013	23,306	11.4
2012	22,656	10.9
2011	18,434	10.2
2010	23,035	17.1
2009	21,872	19.6
2008	14,387	8.5
2007	27,812	21.1
2006	19,964	15.8

讓我們以估算2016年年結會否低於8.5倍市盈率作例子，解說如何合併最新金融數據作推測。

如果我們再找多點數據，發覺原來最近20年的恒指年結也未曾低於8.5倍市歷史市盈率。故合理的歸納，2016年的年結也不應低於8.5倍。問題是，怎樣評估2016年是否出現如次按危機般的大事？另外恒指公司的數據是根據上市公司的年報財務報表，是滯後的數字，怎樣才知道2016年12月交易日的預期8.5倍市盈率會是甚麼？

 ## 合併最新金融數字推測

這時我們除了歸納歷史數據，也要關注最新的金融數字作理性的推測。

首先調查信貸緊張程度到甚麼水平才會導致破記錄的低市盈率。在2008年次按危機時，金管局公布的綜合利率高達3%的水平、後來逐漸降到1%，而在2016年是0.25%，看不到銀根緊張，故合理推論2016年恒指低於8.5倍PE機會比較低。綜合利率是指銀行帳冊上所有港元附息負債的加權平均利率，這些負債包括客戶存款、銀行同業存款、可轉讓存款證及其他債務工具，以及港元不計息活期存款。綜合利率是根據約佔銀行體系總客戶存款九成的零售銀行所提供的資料編製。能夠反映平均利息支出，但未涵蓋營運成本（如員工及租務支出）。

再調查當時恒指服務公司公布1倍歷史市盈率大概是2,446點，8.5倍約是20,791點。不過由於2015年的業績大幅倒退，每次上市公司公布年結後，恒指公司便會調低市盈率。根據彭博綜合分析員當時預測（彭博功能指令：ＨＳＩ INDEX DES），根據當時公開數據，1倍市盈率是2,205點、比恒指服務公司的歷史數據低了9.8%、8.5倍市盈率便是18,742點。由於整體恒指成份股的盈利前景偏淡，分析員普遍調低盈利預期，估計1倍市盈率將會是1,890點，比2014年年報歷史數字大幅調低了22.7%，8.5倍市盈率便是16,065點！

假如投資者認為雖然港股盈利變差，但未至於2008年次按危機那麼差，同時又接受分析員的預測，那2016年在16,056點以上入市都會有正回報。

🌐 圖表10.2　彭博綜合分析員預測2016年恒指市盈率

Range	Level	% Chg	Annual	Range	Level	% Chg	Annual
1 Day	20,257.70	1.21	+8,107.64	1 Year	23,901.49	-14.22	-14.18
5 Days	19,984.42	2.60	+281.09	2 Year	21,473.95	-4.52	-2.28
MTD	19,111.93	7.28	+352.37	5 Year	22,284.43	-7.99	-1.65
QTD	21,914.40	-6.44	-27.05	Qtr 4:14	22,932.98	2.93	+12.43
YTD	21,914.40	-6.44	-27.05	Qtr 1:15	23,605.04	5.49	+24.20
1 Month	18,924.57	8.34	+174.23	Qtr 2:15	24,900.89	5.42	+23.86
3 Month	21,872.06	-6.26	-22.83	Qtr 3:15	26,250.03	-20.59	-60.73
6 Month	21,854.63	-6.18	-12.01	Qtr 4:15	20,846.30	5.12	+22.46

4) Financial Analysis | FA »			
Price Earnings Ratio (P/E)	9.30	EPS	2205.66
Est P/E	10.84	Est EPS	1890.98
P/E Before XO	9.35	EPS Before XO	2192.07
Price/Book	1.09	Book/Share	18743.20
Price/Sales	1.61	Sales/Share	12744.77
EBITDA	2992.03	Cashflow/share	3178.05

HSI Index — Page 2/2　Security Description: Index
1) Profile　2) Characteristics
3) Return Analysis \| TRA »

第十課　以市盈率估算恒指高低位

期權Short Put是在預期跌有限時可考慮的投資工具,如果歸納了20年的數字及接受低息環境不應出現差於2008年次按危機的情況,以及分析員所得出的預計8.5倍年盈率大約會是16,050點。那麼每次見到港股超賣的情況SHORT PUT 2016年12月16,000點,理論上在到期日應是一個正回報的投資。

當然投資者會面對持倉風險,即開倉之後指數下跌,Short Put投資者或有需要承受賬面虧損和被要求補按金,所謂「被挾倉」,在第16課講風險管理及資金控制時,會講解對應方法。

📊 圖表 10.3　恒指與 PUT 期權價的關係

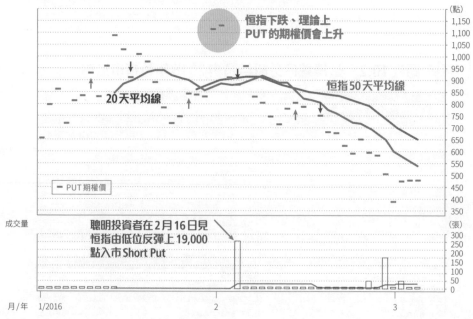

時令交易 (Seasonal Trading)

操作期權要熟悉歷史高低位出現的時間和波幅,便比較有獲利把握。

如參考圖表10.4,就可依恒指每年的高低位出現月分,來進行時交易。四個期指招式是Long Call 看轉勢大升、Long Put 看大跌、Short Call 看有阻力升不穿、Short Put看有支持力回穩不再下跌。過去20年數據顯示全年高位多在第四季發生、而10月比較大波動,故此11月和12月做Short Put、Long Call 比較有把握,全年高位從未在6月和7月出現、而全年低位從未在7月和11月發生。故6、7月低位博反彈持Short Put、Long好倉到年尾,也可能是勝算較高的策略。

🌐 圖表 10.4　過去 20 年恒指每年高低價位和升幅

年份	開市	頂點日期	當年最高	低點日期
2017	21993.4	11月22日	30199.7	1月3日
2016	21782.6	9月9日	24364.0	2月12日
2015	23683.6	4月27日	28588.5	9月29日
2014	23452.8	9月4日	25363.0	3月20日
2013	22860.3	12月2日	24111.6	6月25日
2012	18770.6	12月27日	22718.8	6月4日
2011	23135.6	4月8日	24468.6	10月4日
2010	21860.0	11月8日	24988.6	5月27日
2009	14448.2	11月18日	23099.6	3月9日
2008	27632.2	1月2日	27853.6	10月27日
2007	20004.8	10月30日	31958.4	3月5日
2006	14844.0	12月29日	20049.0	1月3日
2005	14216.0	8月16日	15508.6	1月24日
2004	12665.0	12月2日	14339.1	5月17日
2003	9333.6	12月15日	12740.5	4月25日
2002	11368.1	5月17日	12021.7	10月10日
2001	15089.9	2月2日	16274.7	9月21日
2000	17057.7	3月28日	18397.6	5月26日
1999	9982.3	12月29日	17138.1	2月10日
1998	10743.7	3月26日	11926.2	8月13日
1997	13451.0	8月7日	16820.3	10月28日
1996	10070.0	11月28日	13744.3	1月2日

當年最低	年結	一年波幅	一年波幅%	一年升跌	一年升跌%
21883.8	29919.2	8315.9	37.8%	7918.6	36.0%
18278.8	22000.6	6085.2	27.9%	86.2	0.4%
20368.1	21914.4	8220.4	34.7%	-1690.6	-7.2%
21137.6	23605.0	4225.4	18.0%	298.7	1.3%
19426.4	23306.4	4685.2	20.5%	649.5	2.9%
18056.4	22656.9	4662.4	24.8%	4222.5	22.9%
16170.3	18434.4	8298.3	35.9%	-4601.1	-20.0%
18971.5	23035.5	6017.1	27.5%	1163.0	5.3%
11344.6	21872.5	11755.0	81.4%	7485.0	52.0%
10676.3	14387.5	17177.3	62.2%	-13425.2	-48.3%
18659.2	27812.7	13299.2	66.5%	7847.9	39.3%
14844.0	19964.7	5205.1	35.1%	5088.3	34.2%
13320.5	14876.4	2188.0	15.4%	646.3	4.5%
10917.7	14230.1	3421.4	27.0%	1654.2	13.2%
8331.9	12575.9	4408.6	47.2%	3254.7	34.9%
8772.5	9321.3	3249.2	28.6%	-2075.9	-18.2%
8894.4	11397.2	7380.3	48.9%	-3698.3	-24.5%
13596.6	15095.5	4800.9	28.1%	-1866.6	-11.0%
9000.2	16962.1	8137.9	81.5%	6913.5	68.8%
6544.8	10048.6	5381.4	50.1%	-674.2	-6.3%
8775.9	10722.8	8044.4	59.8%	-2728.2	-20.3%
10070.8	13451.0	3673.5	36.5%	3378.0	33.5%

第十課　以市盈率估算恒指高低位

以 VHSI 評估下月恒指波幅率

第十一課
以VHSI評估下月 恒指波幅率

所謂知己知彼、百戰不殆。由於所有衍生工具市場皆是「零和遊戲」，即扣除交易成本之後，在結算日贏家所賺取的剛剛是輸家所付出的，不多不少。故此花些時間明白誰是對手，每天緊盯著大手成交和引伸波幅的變化，是認真的期權投資者必須要做的功課。

 ## 期權的四大參與者

期權市場有不同的持份者在操作，總的來說可分四類參與者：

1. **提供流通量的期權莊家**
2. **可做好倉或淡倉的對沖基金或為期指倉位做對沖的大戶**
3. **好倉為主的股票基金或機構投資者**
4. **一般零售投資者、通常進行方向性買賣**

按非正式的統計，本港期權成交量超過六成是由莊家成交，約三成是基金經理或專業投資者，只有大約一成是零售投資者。莊家由於有資金優勢，加上市場消息比較靈通，所開出的引伸波幅是很有用的資訊。引伸波幅上升，表示莊家認為市場會比較波動，需要較高的成本才肯沽出期權。

不過，由於期權莊家開出的價格大部份由專業的對手接盤，莊家開出的價格需要很小心計算，因為接盤的很可能是技術水平較高的其他莊家或者專業基金經理。如果莊家開出的期權金偏貴，即在其他條件不變之下，相對引伸波幅會較高，那有可能會被對手Short、相反開價太便宜又可能會被對手Long。每月結算轉倉那幾天，由於期指及國期的成交量達十萬張合約以上、莊家開出的引伸波幅其實就是反映以當時市場情況，他們對後市波幅大少的判斷，故此更有參考價值。

在投資市場大戶擁有資金優勢及資本優勢，而散戶則勝在靈活。大戶是很難完全持有現金，通常是長期持有一個股票組合，不停的使用資產配置或期權期指對沖下行風險，以達到長線資產增值。而散戶則可以持有現金，等待獲勝概率較大時才投放資金。

預計來月波幅　賺取時間值

由於期權金價格與引伸波幅及距離結算日的剩餘時間有關，而愈接近結算日時間值損耗愈快，有一個簡單的方法可以透過每月期權短倉賺取時間值。概念是手上有足夠的現金，每月結算觀察莊家和大戶買賣盤，見趨勢向上時Short Put、趨勢向下時Short Call，由於莊家開出的引伸波幅雖然未必跟從常態分布，但只要獲得月結的恒指點數，及引伸波幅，投資者可容易計算未來一個月八成預計上或落的幅度，從而選取勝算較高的行使價賺取時間值。

具體的操作如下：

1. *找出月結時的恒指收市價（LAST）*
2. *月結時最高的恒指波幅（VHSI）*
3. *使用常態分布公式計算八成概率的上或落波幅範圍*
4. *觀察技術指標及外圍走勢評估指數向上或向下的趨勢*
5. *一月、五月、八月至十月通常上或落的波幅較大，新開 Short Put 倉要比較小心*

例子：

根據以上方法，可得出以下數據：

2018年1月31日恒指收市價 LAST = 32844，當天最高的 VHSI = 18.81

使用常態分布公式，可求得未來一個月的預計8成概率的上或落點數。由於當時市況向下，未見轉勢，新開 Short Call 是比較有把握，勝算可達八成以上。

八成預計上或落間距在不同時段的公式如下：

一日：**恒指收市 × 1.28 × 恒指引伸波幅 ÷ 252平方根 = 498點**

一星期：**恒指收市 × 1.28 × 恒指引伸波幅 ÷ 52平方根 = 1097點**

一個月：**恒指收市 × 1.28 × 恒指引伸波幅 ÷ 12平方根 = 2283點**

只要套入所需數據，例如一個月的預計上或落點便很容易計算出來：

八成預計間距 = 32844 × 1.28 × 18.81% ÷ 3.464 = 2283點。

換句話說，在1月31日，期權莊家預計2月尾恒指80%概率是在2283區間上落，即上方阻力35127點而下方阻力30561點。

VHSI是評估即月和下月近價期權的引伸波幅，由恒指公司根據眾多莊家報價每天即時發放。換句話講，期權莊家其實每天為我們提供資訊，把他們預計接著一天的波幅、一星期的波幅、一個月的波幅告訴我們。可以用圖表11.1求得所需factor。

一個月八成預計間距 = LAST × VHSI × FACTOR =
32844 × 18.81% × 0.3695 = 2283點

一個星期九成預計間距 = 32844 × 18.81% × 0.2274 = 1405點

圖表11.1　計算恒指上落區間所需的factor數據

概率	一日	一星期	兩星期	一個月	兩個月
68%	0.0630	0.1387	0.1961	0.2887	**0.4082**
80%	0.0806	0.1775	0.2510	0.3695	**0.5226**
90%	0.1033	0.2274	0.3216	0.4734	**0.6695**
95%	0.1235	0.2718	0.3844	0.5658	**0.8002**

圖表11.2是將不同時段的八成預計間距表列，假如開了預計間距的Short Put倉，當指數到對沖位便是使用Short Call 或Long Put對沖下行風險。未到對沖位可以賺時間值不用理會，這樣便可比較有系統地操作期權。

回測結果，自2001年182次中有152次成功測中八成預計間距（83.5%），最大誤差在2015年3月出現，當時VHSI＝12.75，結果下月因管理層支持A股而大升3156點，誤差點數1980點（7.9%）。如果將預計間距增加2%誤差，成功率增加至177次（97.2%），其中15次失誤表列如圖表11.3。15次當中，10次是向下、5次是向上。總的來說，引伸波幅高於20出現單邊跌市機會較大，要特別小心。

圖表11.2　不同時段的八成預計間距及對沖位

2018年1月31日			預計恒指上或落的幅度			2018年2月27日	2018年3月28日	2018年4月27日
恒指收市價	VHSI	標準差	一日	一星期	兩星期	2月結算	3月結算	4月結算
32844	18.81	1.28	498.14	1096.61	1550.84	2177.14	3115.82	3853.31

	黃金比率	一日	一星期	兩星期	2月結算	3月結算	4月結算
上方誤差	1.021	33363	33987	34460	35113	36084	36844
預計上限	1.000	33342	33941	34395	35021	35953	36682
	0.854	33197	33620	33942	34385	35043	35557
上行對沖位	0.764	33107	33423	33663	33994	34482	34864
	0.618	32962	33103	33210	33358	33572	33738
	0.500	32844	32844	32844	32844	32837	32829
	0.382	32726	32585	32478	32330	32102	31920
下行對沖位	0.236	32581	32265	32025	31694	31192	30794
	0.146	32491	32068	31746	31303	30631	30101
預計下限	0.000	32346	31747	31293	30667	29721	28976
下方誤差	-0.021	32325	31701	31228	30575	29590	28814
預計間距		997	2193	3101	4355	6231	7707

🌐 圖表11.3 八成預計間距預測失誤率低於 5%

月/年	恒指月結	VHSI	月升跌	八成間距	誤差（點數）	誤差（%）
2/2001	14,761	24.54	(1,901)	1,338	562.5	3.8%
4/2003	8,683	20.79	872	667	205.0	2.4%
2/2004	13,890	19.23	(1,295)	987	308.0	2.2%
9/2007	27,182	30.85	4,087	3,099	988.5	3.6%
12/2007	27,910	35.53	(4,416)	3,664	751.8	2.7%
8/2008	21,260	31.15	(3,178)	2,447	731.0	3.4%
9/2008	18,082	52.99	(4,152)	3,540	611.5	3.4%
8/2010	20,320	21.29	2,008	1,599	409.5	2.0%
8/2011	20,455	27.90	(3,035)	2,109	926.3	4.5%
4/2012	20,940	18.98	(2,410)	1,469	941.4	4.5%
6/2014	23,104	12.86	1,662	1,098	564.1	2.4%
8/2014	24,683	13.32	(1,863)	1,215	648.2	2.6%
3/2015	24,949	12.75	3,156	1,175	1980.6	7.9%
7/2015	24,526	20.41	(3,062)	1,850	1212.4	4.9%
12/2015	21,910	18.49	(2,187)	1,497	690.1	3.1%

註：15次誤差多於2%，其中10次跌市、5次升市

散戶的
五種期權策略

第十二課

看好後市的
五種期權策略

一般投資者是習慣持有現金，等待目標股份跌至有吸引力才出手買入，買入持有至有盈利才沽出，這是常見的「趁低吸納，長線持有」的王道股票投資方法。但為何身邊大部份散戶難以在股票市場贏錢？

依我的看法主要的原因有兩個，有客觀的也有主觀的。

客觀原因是散戶獲取有用的資訊不足又或者吸收的垃圾資訊太多，難以判斷何謂合理的入市價。解決辦法是培養獨立思考能力只投資可以看懂上市公司的財務數據的股份、或者每月投入定額資金拉低平均價累積財富。

決定股票的合理買入價

至於怎樣決定每月投入資金的合理買入價，一個簡單方法就是之前所提及的方法，從期權莊家開出的引伸波幅，計算未來一個月68%或80%或90%概率的上落幅度。

投資者可按個人的風險胃納，設定較高或較低的入市價。只要重複這個功課，便可以比較輕鬆設定每月出入市的目標價。例如港股2018年2月股價大跌，可能出現短線買入機會。當2月27日即月期指結算後，期權莊家在2月28日所開出的引伸波幅已經不受已到期的期指期權倉位所影響，完全是反映3月及以後的買賣區間。

一般來說，選擇一些期權成交比較活躍的股份，使用引伸波幅來推測未來一個月的買賣區間的參考價值更大。

圖表12.1是使用2月的收市價 × 引伸波幅 × 0.2887
計算一個標準差（68%）的預計間距。

例子：

長和在二月的68%概率預計上或落的區間是
$98 × 0.2125 × 0.2887 = $6.01

68%概率下限的買入價便是 $98 - $6.01 = $91.99

🌐 圖表12.1　2018年2月收市價及引伸波幅計算預計價格區間

股份/指數	收市價	引伸波幅 （約數）	三月預計 上落區間	68% 概率上限	68% 概率下限
恒指	30845	23.11	2058	32903	28787
國指	12382	27.77	993	13375	11389
1 長和	98.00	21.25	6.01	104.01	91.99
2 中電	77.96	14.32	3.22	81.18	74.74
5 滙控	78.00	19.68	4.43	82.43	73.57
16 新鴻基	129.50	18.94	7.08	136.58	122.42
388 港交所	284.00	32.58	26.71	310.71	257.29
700 騰訊	432.20	35.07	43.76	475.96	388.44
939 建行	8.15	34.29	0.81	8.96	7.34
941 中移動	73.40	18.95	4.02	77.42	69.38
1299 AIA	65.55	23.64	4.47	70.02	61.08
2318 平保	83.45	36.29	8.74	92.19	74.71
2382 舜宇光學	130.70	40.03	15.10	145.80	115.60

使用月結價格和引伸波幅較客觀評估合理價及容易處理，反正就是別人恐懼時買入勝算較高。但心理因素反而是關鍵難題。因為當我們留意一隻股票時，難免會被股價升跌影響心情，跌的時候驚慌，怕錯買入後會再繼續跌，到達目標價也不敢動手，升時貪婪怕錯過機會再買不到，就算未到目標價也搶著入市。預設了的合理價形同虛設，人性總敵不過驚慌與貪婪的交戰，容易做錯決定。

在未跌至目標價便買入，買入之後再跌又被震倉（或洗盤）很快便止蝕沽出。如果我們將買賣的過程按時序排列，股票投資其實是一個不斷的「分析－等待－入市－分析－等待－出市－分析－等待－入市」的流轉過程。其中少部份時間是做分析、大部份時間是在等待、真正要下單買賣的時間可能只需幾秒鐘便完成。

掌握期權的基本五種招式，可以將這個漫長等待的過程，變成賺取時間值的機會。基本的原理是看好後市持有好倉，組合的Delta值維持在可控的正數水平，而同時賺取時間值將組合Theta維持在負數水平。

 ## 第一招「以逸待勞」
SHORT PUT 沽出認沽期權策略

SHORT PUT高概率獲勝（例如80%）的行使價，收取期權金賺取時間值或持倉等待結算的策略。當認為某一行使價在結算前有足夠防守力並且目前市況穩定沒有下行風險，可以新開SHORT PUT。以逸待勞的意思是每月不需要急於入市，但在上月收市已經計算即月八成概率預計間距，當見到恒指超賣，市場恐慌時才出手SHORT PUT，博大市反彈賺取時間值等待結算。

*例子：*以2月27日恒指30845、引伸波幅是23.11%，計算八成預計間距便是

$$恒指收市價 × 引伸波幅 × 1.28 ÷ 12平方根$$

$$= 恒指收市價 × 引伸波幅 × 0.3695$$

$$= 30845 × 0.2311 × 0.3695$$

$$= 2634 點$$

那預計波幅八成概率的下限是28211（2634點價外），由於二月港股是下跌，所以不需急於立刻開倉，就算心急博反彈，根據回測結果，如果預留2%安全區間，即30845×2% = 617點，獲勝率高達九成，故可以考慮SHORT PUT價外2634 + 617 = 3251點價外，即SHORT PUT 27600。

*回報：*Short Put 最大回報是該月所收取的期權金，較常見到的策略是以備用十萬元一張按金，賺取$2500至$5000的回報。

*風險：*開倉之後遇上大跌，可以嚴重虧損。所以持倉張數不能過多。

*開倉：*引伸波幅見頂回落，或見到技術超賣跌有限的情況。

*平倉：*當期權金收縮一半以上可考慮平倉，也可等期權金少於9點平倉。

*對沖：*當開倉之後指數急跌600點以上，需要考慮對沖下行風險。

第二招「有來有往」
CREDIT PUT SPREAD 牛市認沽跨價期權策略

第一招SHORT PUT雖然每月可賺2%或3%利潤，但在大市急跌前開倉，虧損可以極大，一些不懂開倉和對沖的新手可能贏十個月賺30%利潤卻因一次急跌輸突。故此保守投資者會每張SHORT PUT加一張更價外的LONG PUT保護。例如SHORT PUT 17800之後，再LONG PUT一張 17600。那麼可解決大跌輸無限的風險，但也花費了部份SHORT PUT的期權金用作保護費。

*回報：*CREDIT PUT SPREAD 最大回報是該月所收取的SHORT PUT期權金減去所付出LONG PUT的期權金（淨期權金）。較常見到的策略是以200點跨價賺 $1000至 $2000、400點跨價賺 $2000至 $3000時間值。

*風險：*200點跨價一萬元減淨期權金、400點跨價兩萬元減淨期權金、不建議做600點以上的牛市認沽跨價期權策略。

*開倉：*伸引波幅見頂回落，或見到技術超賣跌有限的情況

*平倉：*通常持倉到結算、或有機會跌穿SHORT PUT行使價，需要平倉，再開新倉。

*對沖：*當開倉之後指數急跌600點以上，需要考慮對沖下行風險。例如將SHORT PUT 平倉、轉做SHORT CALL、或者以LONG PUT 對沖下行風險。

第三招「以小博大」
LONG CALL 買入認購期權

期權由於是有槓桿的投資工具，要以小博大最佳方法就是LONG CALL。例如LONG CALL 30400，之後指數升600點，已經有1.4倍利潤，但看錯方向跌600點可虧損七成（見圖表12.2）。由於恒指每星期上落600點的幅度亦算常見，故有些投資者是專門做600點價外的LONG CALL看升、或LONG PUT看跌、以一星期作投資期。LONG CALL出入市時機要把握得好，而且緊貼市況才能成功平倉獲利，因有時升勢只維持幾分鐘，不立刻平倉可能由贏變輸。另外、LONG CALL之後指數不動，或者牛皮也可能會輸。

開倉：付出的期權金大概等於每日的波幅點數，一般來說如引伸波幅20%，LONG CALL付出的成本不多於300點、如引伸波幅30%以上，付出成本也不應多於400點。如付太多成本有違以小博大的原則。另外踏入月中16號之後時間值收縮太快，不宜新開即月LONG PUT倉。

回報：LONG CALL理論上賺無限，看中600點方向賺1.4倍、升過千點賺超過3倍。（見圖表12.2）。

風險：輸盡所付的期權金。

開倉：見到技術超賣、升破重要阻力、或三角形突破

平倉：可預設最大虧損100點平倉、或最多持倉五日平倉計數。通常很少持倉到結算，因距離到期的最後幾天時間值損耗最多。

對沖：獲利可沽價外CALL對沖下行風險、進取者可沽期指博出現反方向。

🌐 圖表12.2　2018年3月23日 LONG CALL 30400等價預計盈利分析

行使價	期權金	LONG CALL 盈虧分析
29200	1084	升1200點賺824點（317%）
29400	910	升1000點賺650點（250%）
29600	762	升800點賺502點（193%）
29800	626	升600點賺366點（141%）
30000	486	升400點賺226點（87%）
30200	357	升200點賺97點（37%）
30400	260	成本260點
30600	180	跌200點輸80點（-31%）
30800	122	跌400點輸138點（-53%）
31000	79	跌600點輸181點（-70%）

第四招「深入虎穴」
Deep In the Money Short Put
沽出深入價內認沽期權

如覺得有把握指數大升，有投資者喜歡沽價內 PUT因感覺上可以拿到很多權期金，而且可以賺到少量的時間值。一般選距離大約600點價內PUT、相當於一星期波幅，希望由價內變等價賺盡內在值。

*回報：*可賺600點內在值加少許時間值。

*風險：*大概等於輸一張期指，只有少許時間值作補償。大跌輸無限。

*開倉：*覺得會上升但不是急升，使用價內SHORT PUT博一個緩慢的升勢。

*平倉：*自訂止賺止蝕，類似期指操作，由於最多贏600多點，應嚴格限制300點或更少點數止蝕。

*對沖：*止蝕離場，不建議以價外LONG PUT對沖價內SHORT PUT，免得輸時間值。

第五招「草船借箭」
SHORT PUT + LONG CALL 合成期指長倉

如得有把握指數大升,在期貨市場可以LONG FUTURE買入期指。期指是高風險工具,買入之後升一點贏一點、跌一點輸一點,即DELTA = 1而不會損失時間值。我們可以使用期權組合達到相同效果,就是同時LONG CALL等價(Delta +0.5)及SHORT PUT等價(也是DELTA +0.5),合成一張期指長倉 DELTA = 1,而LONG CALL所損失的時間值由SHORT PUT補償。如果不想太過進取,可LONG CALL價外600點、SHORT PUT價外600點,便有600點容錯空間,輕微調整的損失不會太大,急升的話大概等於七成期指的利潤。

回報: 等價LONG CALL+SHORT PUT等同一張期指。也可做600點價外,約7成期指的效力。

風險: 看對贏無限、看錯輸無限。

開倉: 對後市升勢有信心。

平倉: 類似期指操作,應嚴格執行預設的止蝕價。貼價SHORT PUT可考慮平倉過市,避免裂口下跌風險。

對沖: 如有虧損,建議止蝕離場。

跌市是賺大錢的好機會

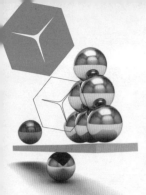

第十三課
跌市是
賺大錢的好機會

一般投資者太過習慣「趁低吸納」，總是有低位買貨的願望，遇著窄幅上落市或急促跌市，由於投經驗不夠，只懂先低位買貨再等待高位沽貨的操作方法，通常會犯兩個錯誤：

1. 寧願沽出有利潤的優質股票，也要繼續持有仍有虧損的落後股或只炒概念沒有盈利前景的股票。結果手上的股票組合變成大雜燴、林林總總的股票一大堆。筆者曾見識過一個組合有超過100隻股票，主要原因是那位投資者緊持買入之後如果輸錢不肯沽出，認為只要一日不沽，仍然只是賬面虧損，不算是真的輸了。結果是有些股票是長期虧損，距離買入價愈來愈遠。

2. 另一類投資者卻相反，把所有注碼集中在一隻股票，愈跌愈買，虧損愈來愈嚴重。近來長期跑輸大市的滙控、在$100、$90、$80、$70、$60不斷加碼的大有人在。中國人壽在$50、$40、$30不斷溝貨的大有人在。

只選強勢股

對於以上兩類經常犯錯，滿手蟹貨的投資者，第一步要做的，就是學懂跌市並不可怕，可怕的是跌市時沒有現金買貨，手上的資金被綁死。通常可行的方法是戒除撈底的心態，要明白市場的資金是非常聰明的，優質的股票不會長時間平賣。選擇強勢股票是很重要的，在現實世界鋤強扶弱、支持弱勢社群維護公義是應該的，但在投資世界，卻一定要「帶眼識股」，只能將資金投放在強勢股而放棄弱勢股。

*何謂強勢股票？*有幾個簡單的方法可以判斷，例如：最近業績公布後，股價的升幅通常比恒生指數高、所謂「跑贏大市」；股價大部份時間是高於50日平均線；只有很少時間低於傳統牛熊分界的250日平均線，並且長期的350日平均線發揮極強的支持力；成交暢旺被市場關注、每日最少也有500萬元以上的成交金額；每天的沽空比率相對少、很少出現在頭三名的最多沽空成交榜。

投資正確的心態是在贏錢的情況增加注碼，用贏來的錢或自己輸得起的錢加注投資可以減少心理壓力，而在輸錢的時候應加倍的保守，不能輕率加注，耐心持有資金等待較大獲勝概率出現。另外盡快掌握在跌市或窄幅上也可以透過期權獲利的操作方法。

以期權對沖下行風險

當手上80%的股票組合大部份可以做股票期權，便可以使用股票期指Short Call或 Long Put、甚至用指數期貨或期權來對沖下行風險、在股市跌勢出現時更加靈活的操作：

1. 當見到大市的沽空比率持續高於10%，而恒指20日線向下並低於50日線的弱勢狀態，投資應要更加謹慎，因為有可能可持續地下跌。當大市趨勢向下不應輕率投放新的資金入市。只可每月分注慢慢入市、有足夠實力接貨，可以做價外Short Put收期權金等接貨，又或者避免大市反彈卻選錯股份，可以使用價外Long Call博反彈，或看好認購期權，避免綁住太多資金。

圖表13.1看到，恒指表現較弱的月份是1月、5月和8月下跌概率較大、而8月是全年最差的月份。另一個現象是恒指的跌勢很多時會持續兩個月以上，而且跌勢急，故些懂得Short Call 和Long Put，跌市反而是賺大錢的好機會：

2. 長線持有正股可每月做Covered Call賺取額外的期權金，作優化股息收入（Yield enhancement）。要留意除息日期，通常要避免在將要除息的日子做貼價的股票Short Call，除非很有信心股票已經見頂。因為對手在除息日前一天行使權利拿貨的話，那Short Call的投資者是不能收取利息的、股息會在派送日全數過戶給對手。

3. 一般投資者借貨沽空比較困難，如果短暫看淡可以使用合成股票短倉策略。即同時 Short Call 及 Long Put。例如2018年一月時恒生指數累積升幅至偏離價值區，以及查看倉位時見到33000是一個大阻力的位置（第15課），可在技術超買、確認跌勢出現時找機會做1000點價外 Short Call 和價外 Long Put。圖表13.2可見，開倉第二日，恒指跌1.1%時可賺$4000以上。沽出二月34000CALL及買入二月32000PUT，按金大概8萬元，持倉10天賺$119650，恒指每跌1%，盈利4000元以上。

4. 開始每天留意股票期權莊家開出的引伸波幅，便可評估一個標準差概率的 Long Put Short Call 價位做淡。如使用簡化的算式，一天波幅上落是引伸波幅除以16、一星期是IV除8、一個月是IV除3、一季除以2。那便很容易評估到七成概率出入市價格。例如圖表13.3，建行在$8時引伸波幅大概25%，如一個月投資期，那25% ÷ 3 = 8.3%，即在技術超買時 Short Call 8.3%價外行使價，取得期權金用作 Long Put。

恒指每天跌1%其實相當常見，自1997年以來4766個交易日之中，統計出現971個交易日下跌1%（約20.4%機會）、391個交易日下跌2%（約8.2%機會）及162個交易日大跌3%（約3.4%機會），故此掌握跌市賺錢的技術，大概每五至十二個交易日便有一次把握大市下跌而獲利的機會，而做1000點價外 Long Put成本大約一萬元，回報可以高達20%。其實不必一定要緊持趁低吸納，可靈活出入市的。

圖表13.1　恒生指數每月升跌點數幅度

年份	1月	2月	3月	4月	5月	6月
2018年	2968	-2043				
2017年	1360	380	371	504	1046	104
2016年	-2231	-571	1665	290	-252	-21
2015年	902	316	78	3232	-709	-1174
2014年	-1271	802	-686	-26	957	109
2013年	1073	-709	-721	437	-345	-1589
2012年	1956	1290	-1125	539	-2465	812
2011年	412	-109	190	193	-37	-1286
2010年	-1751	487	631	-131	-1343	364
2009年	-1109	-467	764	1945	2650	208
2008年	-4357	876	-1482	2906	-1222	-2431
2007年	142	-455	149	518	315	1138
2006年	877	165	-113	856	-803	410
2005年	-508	474	-678	392	-42	334
2004年	713	618	-1225	-739	255	88
2003年	-62	-136	-488	83	770	90
2002年	-672	-243	550	465	-196	-703
2001年	1007	-1314	-2027	625	-212	-132
2000年	-1430	1637	237	-1887	-805	1442
1999年	-542	352	1084	2391	-1186	1385
1998年	-1470	2228	38	-1135	-1449	-391
1997年	-130	77	-864	366	1857	440
平均上升月	1141	746	523	984	1121	532
平均下跌月	-1294	-672	-941	-784	-790	-966
平均升跌	-187	166	-174	563	-153	-38
標準差	1593	941	905	1223	1177	968

7月	8月	9月	10月	11月	12月	每月平均	全年升跌	全年升跌 %
1559	646	**-416**	691	932	742	660	7918	36.0
1097	1086	320	**-363**	**-145**	**-789**	7	86	0.4
-1614	**-2966**	**-824**	1793	**-644**	**-82**	**-141**	**-1691**	**-7.2**
1566	**-15**	**-1809**	1065	**-11**	**-382**	25	299	1.3
1080	**-152**	1128	347	675	**-575**	54	649	2.9
355	**-314**	1358	801	389	627	352	4223	22.9
42	**-1905**	**-2942**	2272	**-1876**	445	**-383**	**-4601**	**-20.0**
901	**-493**	1822	738	**-88**	27	97	1163	5.3
2195	**-849**	1231	798	69	51	624	7485	52.0
629	**-1469**	**-3246**	**-4048**	**-80**	499	**-1119**	**-13425**	**-48.3**
1412	799	3158	4210	**-2709**	**-831**	654	7848	39.3
704	421	151	781	636	1004	424	5088	34.2
680	23	525	**-1042**	551	**-61**	54	646	4.5
-48	612	270	**-65**	1005	170	138	1654	13.2
558	774	321	960	127	258	271	3255	34.9
-331	**-223**	**-972**	369	629	**-749**	**-173**	**-2076**	**-18.2**
-726	**-1226**	**-1140**	123	1205	118	**-308**	**-3698**	**-24.5**
685	257	**-1449**	**-754**	**-911**	1111	**-156**	**-1867**	**-11.0**
-345	296	**-750**	524	2120	1585	576	6914	68.8
-607	**-661**	608	2271	247	**-354**	**-56**	**-674**	**-6.3**
1169	**-2230**	914	**-4426**	**-97**	196	**-227**	**-2729**	**-20.3**
976	546	984	1183	715	526	303	3633	24.3
-612	**-1042**	**-1505**	**-1783**	**-729**	**-478**	**-320**	**-3845**	**-19.5**
522	**-362**	**-83**	336	96	143	65	784	7.6
909	1082	1546	1900	1038	646	420	5041	28.7

🌐 圖表13.2　草船借箭 GBBA 期權策略
1000點價外 Short Call / Long Put 組合，恒指每跌 1% 盈利 4000 元以上

	恒指	升跌%	二月 34000 CALL	二月 32000 PUT	Short Call Long Put 賺$	恒指每跌 1%賺$
29/1/2018	32966.89		233	344		
30/1/2018	32607.29	-1.1%	177	378	4,500	4,125
31/1/2018	32887.27	-0.2%	189	282	(300)	(1,242)
1/2/2018	32642.09	-1.0%	118	315	1,350	1,370
2/2/2018	32601.78	-1.1%	91	332	2,200	1,986
5/2/2018	32245.22	-2.2%	46	541	12,650	5,779
6/2/2018	30595.42	-7.2%	11	1520	61,600	8,563
7/2/2018	30323.2	-8.0%	1	1951	83,150	10,369
8/2/2018	30451.27	-7.6%	2	1672	69,200	9,069
9/2/2018	29507.42	-10.5%	1	2681	119,650	11,402

🌐 圖表13.3　七成概率出入市價格簡化算式

例子：建行（939）　股價：$8　引伸波幅：25%

	波幅上落	波幅區間	下方支持	上方阻力
一日	25%/16 = 1.5%	0.12	7.88	8.12
一星期	25%/8 = 3.1%	0.24	7.76	8.24
一個月	25%/3 = 8.3%	0.66	7.34	8.66
一季	25%/2 = 12.5%	1	7	9

第十四課

股災前的
八大異象

第十四課
股災前的八大異象

在期權投資課程中，很多時遇到一些初學的朋友問這一個問題：「昨晚見到很多PUT成交，是否大戶看淡後市做LONG PUT，將會出現股災？」當PUT的成交突然增多，表示LONG PUT對沖下行風險的投資者較多，那預期出現股災也算是合理推論。

不過金融市場每宗成交是有對手的，當我們見到有大量PUT成交，其實每張LONG PUT背後必然也有相同數目的SHORT PUT。舉例見到20000 PUT有大手成交，其實必然同時有相同的LONG PUT看淡和SHORT PUT看好、即是有對手接了相同張數的SHORT PUT看那一個行使價有支持，就算短線向下，但結算未必跌穿。故不能輕率的看到一個大手成交的PUT便認為股市會大跌。根據以往經驗，我們可以用計分的方法，評估八個股災可能出現前的異象。

何謂股災並沒有一個標準定義，為了方便討論，筆者把港股出現股災定義為一個月跌幅超過10%、或三個月之內跌幅超過20%。從圖表14.1得知，最近16年間有7年出現股災，有幾點值得留意：

1. 近十多年的2月、6月和7月沒有出現股災,是相對平靜的月份。

2. 近年最大跌幅是2008年10月,因美國次按危機影響全球金融,單月跌幅達22.5%、三個月跌幅高達38.5%。

3. 9月出現股災次數最多,分別是01年(科網股爆破)、08年(美國次按危機)、11年(歐債危機)、15年(人民幣貶值)。

4. 其次1月出現了兩次股災,分別是2008年(美國次按危機)和2016年(中國經濟放緩)。

5. 3月、5月、8月、10月、11月、12月各出現一次。2008年次按風暴是特別利淡的金融災難性事件。如果不計算2008年,11月及12月通常不是波幅大的月份,單月跌超過15%也是比較少見。如分析恒指歷史數據的平均波幅,留意會否被2008年的數據所影響大幅偏離了合理價值。畢竟由於美國銀行系統的流動性枯竭而引致全球金融風暴的情況是非常罕見的。

圖表14.1　近年股災月份的下跌幅度

日期	開市	最高	最低	收市	1個月跌	3個月跌
2000年4月	17,444	17,458	14,621	15,519	-10.8%	-0.1%
2001年3月	14,696	14,696	12,397	12,761	-13.7%	-15.5%
2001年9月	11,059	11,181	8,894	9,951	-10.3%	-23.7%
2008年1月	27,632	27,854	21,710	23,456	-15.7%	-25.2%
2008年9月	20,999	21,067	16,284	18,016	-15.3%	-18.5%
2008年10月	17,841	18,286	10,676	13,969	-22.5%	-38.5%
2008年11月	14,436	15,318	11,815	13,888	-0.6%	-34.7%
2008件12月	13,775	15,781	13,345	14,387	3.6%	-20.1%
2011年9月	20,790	20,975	17,000	17,592	-14.3%	-21.5%
2012年5月	21,245	21,385	18,378	18,630	-11.7%	-14.1%
2015年8月	24,533	24,924	20,865	21,671	-12.0%	-21.0%
2015年9月	21,693	22,229	20,368	20,846	-3.8%	-20.6%
2016年1月	21,783	21,795	18,534	19,683	-10.2%	-13.1%

當我們對股災的下跌幅度有初步的了解，可每天留意以下八個
現象，每出現一個現象一分，另外一些特別情況再加分，如見
到有6分以上，便要小心一至三個月內會出現10%至20%以上
的跌幅，不可持有期指好倉或無保護的SHORT PUT過市。一
般來說，過市的下跌風險可用當天的收市價乘收市的引伸波幅
除以8計算。

例子一：2016年1月4日

恒指收市是21327點、引伸波幅是23.3%、一張期指（Delta 1 持倉），過市風險是：

$$21327 \times 23.3\% \div 8 \times \$50 = \$31{,}057$$

例子二：2011年9月1日

恒指收市是20585點、引伸波幅30.2%、一張價外1000點的 Short Put（大概Delta 0.2持倉），過市風險是：

$$0.2 \times 20585 \times 30.2\% \div 8 \times \$50 = \$7770$$

異象（1）：20日移動平均線向下跌穿50日線

市場很多金融機構和操盤手是每月計算組合盈虧的，當股價低於20日平均線，表示過去20天入市的投資者平均會出現虧損，假如20日平均線趨勢是向下的，即今天的20天平均價低於昨天，表示恒指的弱勢維持了一個月而且無力反彈。市場有一種趨勢投資法（Trend Following），就是股價跌穿50日平均線強制平掉好倉。

跌穿20日線並且20日線趨勢向下：一分
跌穿50日線並且20日線趨勢向下，表示向下打穿中線支持，跌勢有機會加劇：加半分

異象 (2)：恒指下跌，而未平倉合約增加

當指數下跌，而未平倉合約增加，表示舊的倉位仍未平倉套利，反而有新的投資者跟隨市況開新倉，一般視作看淡後市。而到了跌勢持續一段時間，例如跌了約1000點見到未平倉合約減少，則有可能淡友平倉獲利離場。投資者應每天記錄期指加倉的張數比較指數上落的情況。假如見到比較異常大手加倉，例如2000張期指過市加倉，之後市況向下，可以比較有把握淡友大戶發力希望推低指數，可能出現快速向下的市況。

恒指向下跌而期指未平倉合約增加超過2000張：一分
恒指連續第二天下跌、而期指未平倉當天增加超過2000張，表示大戶認同跌勢開新的淡倉：加半分

異象 (3)：沽空比率持續偏高

一般來說，散戶是比較難借貨沽空，故此出現大量沽空多是機構投資看淡後市。投資者宜每天記錄沽空比率，如見突然高於過去10天高位多於2%，應是大戶主動出擊。為了方便計算，可以10%做分界：

如大市沽空比率多於10%：一分
如沽空比率突然高於過往10天的高位超過2%：加半分

異象(4)：恒指PUT CALL比率上升

PUT CALL 比率指當天成交PUT的張數和CALL的張數的比率，例如PUT有3萬張、CALL有兩萬張，PUT CALL 比率便是 30000/20000 ＝ 1.5。

由於PUT的引伸波幅比較高，通常會吸引一些投資者做SHORT PUT價外的行使價賺取時間值，只要持倉到結算而結算價高於所選的行使價便可以贏取所有期權金。但通常一個價外一千點的SHORT PUT收取的期權金只是有限的百多點，如遇上股災超過10%的跌幅，可能收百多點期權金，卻要倒輸1000點，如沒有做好對沖下行風險，有可能一個月便輸掉以往一年SHORT PUT的盈利。

所以習慣做SHORT PUT的高手，都懂得計算「安全距離」，如覺得有下行風險，便會搬倉，將攻擊範圍的行使價搬到價外比較安全距離，同時用期指短倉（沽期指），DEBIT PUT SPREAD 或 SHORT CALL來對沖SHORT PUT持倉。

總的來說，如PUT CALL 比率低於1.0，市場比較樂觀，1.0至1.3是正常範圍不是特別看淡，高於1.5表示每張CALL便有1.5張PUT，市場比較偏淡，如突然高於1.8以上，那便要小心市況向下。

大手PUT成交多於1000張合約或500張新加的未平倉合約，可以當作大手成交來分析，當然也需要考慮成交的行使價和月份。大手LONG PUT看急跌、而大手SHORT PUT看後市升有限。

假如成交的PUT是即月600至1000點價外，情況比較凶險，相反如PUT的成交價是一季或更遠期而行使價在20%以外，那有可能只是主動SHORT PUT賺時間值，主動大手PUT成交並不一定是看淡後市。

即月期權成交的PUT CALL 比率突然高於 1.8：一分
活躍PUT成交在600點至1000點價外的攻擊範圍：加半分

 ## 異象(5)：引伸波幅持續上升

由於除了在特大的金融事故，例如2008年美國次按危機及2011年歐元解體危機，一般來說單月下跌10%、一季下跌20%並不常見。如果引伸波幅20%、表示一年一個標準差（68%）上或落概率大概是20%。當恒指在21000點水平，期權莊家開出20%引伸波幅，表示68%概率一年之內可以上升20%到25200點、或下跌20%到16800點。而三個月的預計上落幅度便是引伸波幅的一半。故引伸波幅大於20%是一個重要的分界，高於20%即短期有機會出現多於10%上或落的幅度。習慣以SHORT PUT賺時間值的，可用引伸波幅18%作警戒線，低於18%可假設一般正常每月1500點上落幅度，高於20%則要非常小心出現大波幅。

恒指引伸波幅高於18%：一分
恒指引伸波幅高於20%而且持續上升、不肯回落到18或以下：加半分

異象(6):下跌裂口表示淡友主動攻擊

如有特別利淡的消息,會在股市反映。不過淡友大戶如未儲到足夠淡倉,或持有牛證、期指好倉、LONG CALL、SHORT PUT的對手不夠多的話,其實是沒有必要立刻推低指數的。故此凡開市出現裂口下跌,表示淡倉基本完成,向下一個支持位或一般500點左右作一個回合。一次裂口下跌未必能確認淡友大戶已經完成部署,但港股是T+2交收的,如連續裂口下跌兩天不見反彈,或五天之內出現兩次裂口,可看成是利淡的訊號。

五天之內出現兩次下跌裂口,即今天的高位低於昨天的低位:一分
開市裂口大於0.5%而成交量又高於昨日10%:加半分

 ## 異象(7):港匯弱股市難升

非正式統計顯示本港股市升跌受外資影響比較大,本地的證券行和客戶是金額相對比較少。如外資買港股,港元兌美元會趨向強方兌換保證7.75,相反外資沽貨離場,港元兌美元會接近7.8聯系匯率。港元弱勢表示資金離開香港,而港股流動性高,需要套現的會優先考慮沽售港股。故開市時留意港匯強弱也可大概推測港股的走勢。要注意的是港匯強不代表流入的資金一定要買港股、不過港匯弱則港股也弱的機會比較大。

美元兌港元高於7.757:一分
美元兌港元高於 7.76、接近7.8聯系匯率:加半分

異象 (8)：人民幣利率拉高

本港經濟與內地聯系愈來愈緊密，如內地資金利息便宜，流動性高會對港股有利，相反如內地利息突然抽升，那港股受壓的機會便高。要注意的是人民幣降息不代表內地資金一定要來買港股，相反、由於港股流動性高，當人民幣利息突然拉高，港股轉弱的機會較大。

短期隔夜至一個月的上海銀行同業間拆息（SHIBOR）全面拉高：一分
一個月的上海銀行間同業拆息突然拉高10點子以上：加半分

淡友大戶未完成部署，股市通常不會立刻大幅下跌，20日平均線是否向下，期指倉位有無增加、沽空比率及下跌裂口，是比較容易獲取，比較簡單而又可以追蹤大戶手影的方法。

第十五課

戒除聽貼士心態
開市要準備妥當

第十五課
戒除聽貼士心態
開市要準備妥當

如果問股市為甚麼會升，一般人的答案是較多人買貨股市便會升，這也許是對，但嚴格來說並不是正確的答案，因為所有的成交一定有買家和沽家，每一單完成的交易，看好買入和看淡沽出的股數一定是相同的，否則便不能成交，只會出現比市價較低價錢等候買入、或比市價較高價錢等候沽出。另外，一個主力買家的買入量可以比10個小投資者多，故此，股市是否上升，跟買家人數是否比沽家多其實並無直接關係，就算一個大戶進場以高於市價買貨，無論市場有十個或八個散戶在沽貨，股價也可能會上升。相反就算有大戶出貨，如果有足夠多的散戶，或幾個實力較次的大戶願意不排隊等待，而用比市價較高的價錢買貨，股價也可能會上升。

 ## 最需留意的兩件事

所以歸根究底，要股市上升需有兩個基本因素：一是要有資金流入，二是入市的資金風險胃納要比較高、願意以高於市價買貨。否則股市只能在一個幅度上上落落，無法維持上升的趨勢。

一個精明的投資者看好股市前景，或利用恒生指數好倉看股市會上升，每天開市前最需要花精神關注的其實就是這兩件事：

1. *流入香港股票市場的資金有沒有增加？*
2. *投資者的風險胃納是否上升？*

 ## 戒聽貼士　關注開市十件事

投資者想成績有進步，一定要戒除聽貼士的壞習慣，每天開市前要準備妥當。對恒指的趨勢，對在甚麼價位買入、或甚麼價位沽出要心中有數。開市前留意以下十大類的資訊，應會對作出正確的投資決定有幫助。

1. 與大市走勢相關股份之表現

選出並每天追蹤與大市走勢相關系數較高的盈富基金（2800）、H股ETF（2828）、港交所（388）及騰訊（700）。A50 ETF（2823）原來跟恒生指數的相關系數不是十分高，換句話講「A股好、港股好」其實並不成立。滙控（5）自2013年以後，與恒指的相關系數降低，逐漸被市場忽略。

圖表 15.1　與恒指相關系數較高股份

	2017	2016	2015	2014	2013	2012	2011
恒生指數	1.0000	1.0000	1.0000	1.0000	1.0000	1.0000	1.0000
盈富基金 2800	0.9641	0.9830	0.9847	0.9702	0.9738	0.9830	0.9922
H 股指數 ETF 2828	0.8954	0.9631	0.9195	0.8305	0.9161	0.9044	0.9700
建行 939	0.7552	0.8295	0.8342	0.7583	0.8831	0.8208	0.888
騰訊 700	0.7481	0.7850	0.6845	0.5633	0.6066	0.6804	0.6944
港交所 388	0.7365	0.7662	0.8022	0.6220	0.7713	0.8344	0.9077
中國平安 2318	0.6795	0.8703	0.7883	0.6857	0.783	0.7974	0.8259
A50 指數 ETF 2823	0.6255	0.7183	0.5217	0.5276	0.5861	0.6091	0.7722
匯控 5	0.5679	0.7715	0.6946	0.7790	0.7108	0.8423	0.8545

圖表 15.2　比較恒指及其他相關系數較高股票的走勢

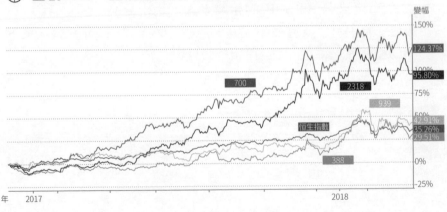

每天可將最近3個月的股價並列劃出來,如見港股的領導股中國平安及騰訊也同時下跌,投資者風險胃納降低,恒指也難以獨自強勢。如圖表15.2見到在2017年3月開始,中國平安與騰訊雙雙跑贏恒生指數,而恒指的升幅也漸漸向上。

2. 期指升跌 vs 恒指升跌

期指是領先恒指的指標,我們可用過往一個月期指收市價的升跌,對比恒指的升跌來評估後市的趨勢。例如恒指是連跌兩、三天,但期指已經止跌回升,那見底反彈的機會較強。期指收市價使用日間時段4:15pm比較好,因夜間時段缺乏與現貨價格參照容易出現不合理的偏差。如果手上有軟件計算成交量加權平均(Volume Weighted Average Price VWAP),可以用VWAP取代收市價,因為以全日的VWAP計算升跌,對於分別真實的上升或下跌趨勢會更有把握,避免被尾市突然拉高或壓低而誤判上落方向。

🌐 圖表15.3 恒指、期指成交量加權平均（VWAP）與 20日VWAP平均價

日期	恒指 收市	恒指 升跌%	期指成交量 平均VWAP	加權平均價 升跌%	20日VWAP 20日平均價	平均價 升跌%
2017-12-08	28639.85	1.19	28521.94	0.73	29260	-0.10
2017-12-11	28965.29	1.14	28797.31	0.97	29242	-0.06
2017-12-12	28793.88	-0.59	28882.44	0.30	29227	-0.05
2017-12-13	29222.10	1.49	29009.03	0.44	29229	0.01
2017-12-14	29166.38	-0.19	29207.93	0.69	29240	0.04
2017-12-15	28848.11	-1.09	28869.55	-1.16	29223	-0.06
2017-12-18	29050.41	0.70	29009.39	0.48	29216	-0.02
2017-12-19	29253.66	0.70	29279.04	0.93	29202	-0.05
2017-12-20	29234.09	-0.07	29254.70	-0.08	29161	-0.14
2017-12-21	29367.06	0.45	29327.43	0.25	29129	-0.11
2017-12-22	29578.01	0.72	29502.21	0.60	29112	-0.06
2017-12-27	29597.66	0.07	29629.47	0.43	29106	-0.02
2017-12-28	29863.71	0.90	29743.94	0.39	29114	0.03
2017-12-29	29919.15	0.19	29965.91	0.75	29129	0.05
2018-01-02	30515.31	1.99	30390.81	1.42	29184	0.19
2018-01-03	30560.95	0.15	30622.21	0.76	29254	0.24
2018-01-04	30736.48	0.57	30698.70	0.25	29330	0.26
2018-01-05	30814.64	0.25	30787.42	0.29	29418	0.30
2018-01-08	30899.53	0.28	30817.47	0.10	29532	0.39
2018-01-09	31011.41	0.36	30965.12	0.48	29664	0.45
2018-01-10	31073.72	0.20	31082.76	0.38	29792	0.43

2017年12月12日恒指雖然下跌，但期指成交量加權平均已連升3天，20日VWAP平均價也開始由負變正，到12月27日VWAP再連升三日，當20日VWAP平均價向上，確認12月28848底部支持，1月恒指大升。

3. 沽空比率

由於散戶比較難借貨大手沽空，故此見到大市持續沽空高於10%以上，表示沽壓較大，大市由淡友主導。

港股在2015年7、8月因收緊融資及大跌期間、恒指沽空比率最高大概在14%、在2016年1月資金憂慮美國加息及中國經濟硬著陸，沽空比率也見14%。如見沽空比率由14%以上逐漸回落到10%以下，可能是一個買入信號。2015年由8月13日開始沽空比率由低於10%上升至14%，共跌了3435點或14.3%。恒指由2015年12月30日的21918點，沽空比率又再高於10%，到2016年2月11日收18378，沽空稍高於10%，共跌了3540點或16.2%才出現技術反彈。大概可以推算淡友每次預備好大手沽空，目標要壓低恒指約3500點或15%的幅度才補回空倉，等下一次機會出手。

2015年8月由於人民幣突然貶值引致投資者恐慌沽售港股，沽空比率大增，金額高達132億，沽空比率14%，恒生指數由8月開市24,533點大跌至9月20,368點見初步支持，兩個月共跌了4,165點（-16.9%）。

圖表15.4　2018年上旬沽空比率

收市日期	恒指收市	累計跌幅	沽空金額 ($ 億)	沽空比率 (%)
21/2/2018	31431.89		131.7	13.61
22/2/2018	30965.68	-1.5%	152.2	12.62
23/2/2018	31267.17	-0.5%	120.7	11.68
26/2/2018	31498.6	0.2%	140.9	11.39
27/2/2018	31268.66	-0.5%	164.4	11.95
28/2/2018	30844.72	-1.9%	159.6	11.79
1/3/2018	31044.25	-1.2%	129.7	11.33
2/3/2018	30583.45	-2.7%	153.1	12.15
5/3/2018	29886.39	-4.9%	174.7	14.75
6/3/2018	30510.73	-2.9%	131.6	13.04
7/3/2018	30196.92	-3.9%	141.6	12.5
8/3/2018	30654.52	-2.5%	101.8	10.15
9/3/2018	30996.21	-1.4%	101.2	10.12
12/3/2018	31594.33	0.5%	121.2	10.12
13/3/2018	31601.45	0.5%	127.3	11.55
14/3/2018	31435.01	0.0%	115.9	11.23
15/3/2018	31541.1	0.3%	120.5	10.89
16/3/2018	31501.97	0.2%	163.8	11.4
19/3/2018	31513.76	0.3%	113.3	10.67
20/3/2018	31549.93	0.4%	139.9	11.33
21/3/2018	31414.52	-0.1%	158.2	10.35
22/3/2018	31071.05	-1.1%	166.9	10.98
23/3/2018	30309.29	-3.6%	240.2	8.48
26/3/2018	30548.77	-2.8%	181.0	12.83

沽空金額由高峰值減少，
恒指跌幅收窄

4. 牛熊證：加倉及重倉區

有研究指出，每月牛熊證要收回相當於一萬張期指的合約數量，恒指才會暫停較大的波動。由於恒指每星期約600至800點是正常的波幅上落範圍，可以此視作「攻擊範圍」。

每天開市前留意攻擊範圍的牛熊證比例有沒有失衡，例如在牛證總張數偏多於3000張期指以上，便要小心突然壓低指數殺牛、相反熊證過多便有機會拉高殺熊。如隔夜突然大幅加倉超過2000張期指以上的牛證，也小心會有回檔壓力。

5. 資金成本：美元兌港元、美元兌人民幣、上海銀行間同業拆放利率

本港的股市升跌愈來愈倚靠內地資金，當港元持續在強方保證一美元兌7.75、港股是比較強的，以往經驗，兌美元回落到7.762接近保證聯系匯率7.8時，已有資金外流的壓力，港股難上升。照樣，如本港離岸人民幣CNH連續數天回落，表示人民幣流入本港的額度減少，港股也有壓力。

每天早上9:30，內地網頁會公布上海銀行間同業拆借利息，如見到全面向上調升，特別是一個月之內的短息升幅持續的話，也會限制港股的升幅。（參考圖表15.5）

上海銀行間同業拆放利率

http://www.shibor.org/shibor/web/AllShibor.jsp

香港離岸人民幣（CNH）匯價

https://hk.finance.yahoo.com/q?s = USDCNH = X

美元兌港元匯價

https://hk.finance.yahoo.com/q?s = USDHKD = X

6. 外圍ETF：標普500、羅素2000、MSCI新興市場

香港投資者雖然習慣以恒生指數的升跌評估大市的升跌，但專業投資者多以MSCI明晟指數（俗稱「大摩指數」）或FT富時指數作資產配置。港股的定位是亞洲新興市場，原因是國內企業佔港股大多數，波動性比較大，故在資產配置上港股仍是較高風險的股票市場。

投資者可以每天收市記錄港股的收市價和成交金額，看股價升跌多少，然後比較在美國上市和港股相關的交易所上市基金（ETF）的表現。可留意的ETF包括： MSCI香港（EWH）、MSCI中國（CAF）、MSCI新興市場（EEM）、新華富時中國（FXI）及標普500指數（VOO）。

留意最近幾天在美交易的MSCI 香港指數跟恒生指數的對比：
https://hk.finance.yahoo.com/echarts?s = EWH&t = 5d
（參考圖表15.6）

🌐 圖表15.5　2018年首季，出現恒指走勢弱及港圓匯價弱的互動走勢

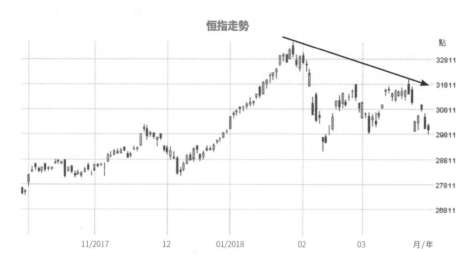

恒指走勢

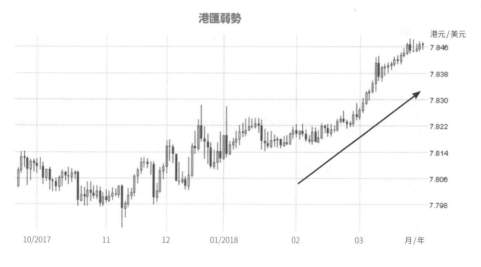

港匯弱勢

7. 環球股市期貨：一小時圖、日線圖、周線圖

大戶可以長時間操控某一金融市場的價格，也可短時間操控大部份市場的價格，但不可能全時間操控全部市場，每天收市後觀察世界各地市場的升跌，便可慢慢培養判斷資金流動的方向。周末是好時間先看周線圖、再看日線圖、然後看小時圖，判斷各類金融產品的強弱走勢。

8. 避險工具：美匯指數、日圓、美國三年債及十年債

在本港開市時段，要關注一些傳統的避險資產的表現。舉例踏入2016年，日圓轉強，港股轉弱的關係比較明顯。由於大量投機熱錢是幾乎零息的日圓投資其他風險資產，但市場風險情緒較高時，資金會沽出風險資產買回日圓，令日圓匯價上升。

9. 期權倉位：20大活躍成交、3大加減倉、跨月盤路

港交所每天免費公布活躍期權成交記錄，大戶活躍成交CALL和PUT的行使價及月份，可供投資者分析。通常每天晚上9:30後，可以看到當天的未平倉合約（Open Interests, OI）增減張數。如後市趨跌，會見到比較多PUT成交和OI相應增加。相反如見到CALL成交和OI比較多，特別是期權金只有幾十點輕微價外的CALL的OI大量增加，很可能是好友部署反攻。如果見到不同的月份而相同行使的CALL或PUT皆有大量OI，表示這是一個較強的阻力或支持位。

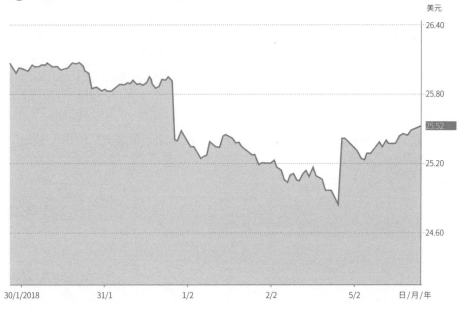

圖表 15.6 MSCI 香港指數

美元
26.40
25.80
25.52
25.20
24.60

30/1/2018   31/1   1/2   2/2   5/2   日/月/年

另外，分析倉位需要同時看即月和下月的部署，參考圖表15.7
的例子，2018年2月1日恒指七天回調約3443點，當日收
29,129點。由於市況急跌，看期權倉位的OI對後市比較有參
考價值。當時最大PUT的OI倉位顯示29000是比較大的倉位，
再向下是28200PUT。而上升最大阻力是32000至33000區
間，表示期權投資者認為上方33000阻力非常之大。結果二月
恒指收市報33,000點以上情況只出現了一日，可見分析期權
大倉位是有一定果效。

10.　留意是否有資金流入亞洲股票市場的報道

專業投資者宜多看專業財經資訊，特別《彭博》（Bloomberg）、
《路透社》（Thomson Reuters）、《金融時報》（FT）、也看看
《華爾街日報》報道資金流入最多的ETF是哪個市場、以及亞洲
或新興市場的股市基金是否持續走弱。

參考：http://www.wsj.com/mdc/public/page/2_3052.html

圖表 15.7　恒指期權未平倉合約跨月數據

CALL | PUT Strike	APR-18 O.I.	MAY-18 O.I.	JUN-18 O.I.	APR-18 O.I.	MAY-18 O.I.	JUN-18 O.I.
28000	1	1	1165	1607	291	1213
28200	0	0	1082	325	356	2537
28400	0	0	1730	719	51	1177
28600	1	5	821	369	135	1619
28800	0	0	319	1194	166	1217
29000	11	0	2124	2419	760	1985
29200	20	10	34	973	207	727
29400	737	0	70	2113	128	1131
29600	272	31	105	1199	58	1053
29800	922	16	443	2335	74	661
30000	1002	12	1659	3271	335	1514
30200	1083	65	767	729	400	585
30400	526	68	284	304	132	1032
30600	1575	296	270	2012	485	305
30800	471	163	1264	1054	326	1517
31000	1384	155	1755	2200	126	516
31200	612	236	568	410	162	601
31400	916	175	1770	583	37	225
31600	597	774	1133	251	312	426
31800	1257	202	80	260	7	103
32000	1952	360	2193	73	52	154
32200	454	46	451	22	0	161
32400	396	57	100	49	2	62
32600	1019	114	327	645	0	33
32800	1093	91	904	804	1	300
33000	381	205	2560	10	2	142

🌐 圖表15.8　如何分析未平倉合約

期指對大市有前瞻性，從期指未平倉合約數量的變化，可評估市場參與者對後市的判斷。

期指趨勢	未平倉的變化	倉位分析
上漲中	增加	當指數持續上升，認同上漲趨勢的人愈多，投入的資金便會愈多，升勢持續的概率比較大。 升市初期、或市場氣氛非常樂觀時，多會出現這現象。
	持平	指數上升，未平倉量維持原來水平，表示沒有新資金跟進，未來指數上漲的空間亦有限。 升勢可能放緩，走勢反覆尋頂。
	減少	指數上升，愈來愈多的資金撤退離場。多半是由獲利盤與淡倉止蝕盤所造成。 價升量跌，指數上漲空間有限，甚至有可能逆轉。若是月尾轉倉導致減倉，要同時觀察下月的未平倉合約數量才能判斷。
橫行中	增加	指數沒有明確動向，如整固期未平倉持續增加，一旦突破，會出現單邊市。 如果未平倉量顯著增加幾天，而指數仍無法突破重要阻力，壞消息出現便下跌，大跌概率較高。 如果未平倉量顯著增加，而且每次下跌後立刻快速反彈，對壞消息無反應，指數未來大漲的概率較高。
	持平	無方向。耐心觀察市場對壞消息的反應。
	減少	投資者平倉離場，指數可能持續整固，靜觀其變。 若是月尾轉倉導致減倉，要同時觀察下月的未平倉合約數量才能判斷。

期指趨勢	未平倉的變化	倉位分析
下跌中	增加	指數向下,未平倉量增加,確認跌勢,大市將進一步向下。 高位橫行後大成交裂口下跌兼期指加倉,是大跌市的格局。
	持平	**未來仍以跌勢為主。** **下跌趨勢未受到大多數的投資者認同,沽壓不大。**
	減少	**與跌勢背馳,留意底部出現。**

除了期指,大戶可用期權作出部署

大戶看好	CALL	買大量成本便宜的 CALL,平掉有盈利的 SHORT CALL
	PUT	沽遠期價外、沽近期貼價甚至價內 PUT,賺取大量時間值
大戶看淡	CALL	**沽遠期價外、沽近期貼價甚至價內 CALL,賺取大量時間值**
	PUT	**買大量成本便宜的 PUT、平掉有盈利的 SHORT PUT**

第十六課

期權的風險管理及資金控制

第十六課
期權的風險管理及資金控制

由於期權投資者可以選擇做Long或做Short，而兩方在結算日一定要定輸贏，故此期權交易被視作為一個「零和遊戲」。做好倉Long Call所贏的期權金，剛好正是做淡倉Short Call所輸的；同樣道理，任何時候做淡倉Long Put所贏的期權金，也必然是由做好倉Short Put的對手所貢獻出來的。

故此，一個對Long Call看指數上升的策略必然不利於Short Call，而對Long Put有利的策略，也必定不適宜做Short Put。換言之，做Long和做Short需要有兩個截然不同的策略，未必一定是看升或看跌那樣直觀，期權操盤手要更多的考慮到升跌的幅度和快慢，亦要同時關注三個風險參數，根據市況動態調整持倉的方向性（Delta）、時間值（Theta）及市場的上落幅度（Vega）。Long與Short的風險管理和資金控制方法也有明顯的分別。

如前面所解說，恒指期權的價格受六個因素影響：恒指點數升跌，行使價是否貼價，到期月份遠近，無風險利率高低，預期派息多少，以及期權莊家開出的引伸波幅高低。

如果仔細分析這六個因素，恒指升跌由市場決定、利率高低由央行決定、派息多少由各成份股的董事會決定、引伸波幅高低由期權莊家決定，而期權投資者可以選擇或主動調控的因素只有兩項：即行使價是否貼價及到期日的遠近。所以一個期權高手與新手的分別，可以從他們開倉時選擇做Long或做Short，以及所選的行使價和到期月份來判斷。簡單一句口訣就是「Long 要到、Short要唔到」。

 ## LONG倉最忌磨時間

Long Call要成功獲利，需要掌握低位入市，如入市之後出現快速的上升市，Long Call勝，可把握機會平倉獲利。Long Put則要把握跌勢即將出現時入市，如入市之後出現快速下跌，Long Put則勝。最高利潤是由價外剛剛升到等價的那一段。所謂「Long要到Short要唔到」，意思是Long要有預見升幅或跌幅出現，指數可在短期到達所選擇的行使價，否則不宜開倉。

何謂「短時間到達」，則有數得計：以恒指2006年開始計算的10年歷史，以一個標準差計算68%概率分布，一天約1.6%、一周約3.6%、一個月約7.2%波幅可到的距離。所以超短線一、兩天的操作，要預計恒指400點幅度，短線一星期操作，要預計恒指700至800點幅度，一個月約1400至1600點。不建議做超過兩個月的期權短倉，除非熟悉以期指或調整期權對沖上下行風險。

Long Call看好後市，持倉為正數Delta，表示開倉後每天會損耗時間值，圖表16.1假設其他影響期權價格的因素不變，在引伸波幅18%的情況下，一個等價CALL和600點價外及1000點價外CALL的期權價格比較。

一般人喜歡本小利大，自然會選即月Long。但在這個例子看到，即月期權的時間值損耗最快，即月Long其實不是一個好策略。如果選取90天到期、1000點價外是較便宜的另一個選擇，成本只是349點、而600點價外成本是477點比較貴、等價則高達730點最昂貴。

不過雖然節省了期權金，但我們見到價外期權是比較「穩定」地消耗時間值，也不是好的策略。假如持倉1個月，1000點價外期權已損失了33%的本金、而600點價外只損失27%，持倉兩個月，更是71%跟60%的分別，而等價期權在2個月的時間只損耗43%，然後在最後一個月還剩下57%的本金，比貼價Long有機會到的，其實比做價外Long無機會到的勝算較高。如果不想損耗太多時間值，可以先Long 貼價、再Short 價外做跨價（Call Spread或Put Spread）部署。

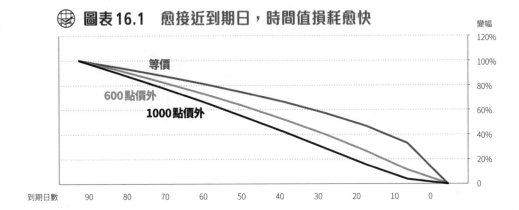

圖表16.1　愈接近到期日，時間值損耗愈快

CALL 期權金的變化（18% 引伸波幅）

到期日數	等價	600點價外	1000點價外
90	730	477	349
80	688	436	312
70	643	394	273
60	594	348	233
50	542	300	191
40	484	247	147
30	419	189	101
20	341	125	55
10	241	53	14
0	0	0	0

到期日數	等價	600點價外	1000點價外
90	100%	100%	100%
80	94%	92%	89%
70	88%	83%	78%
60	81%	73%	67%
50	74%	63%	55%
40	66%	52%	42%
30	57%	40%	29%
20	47%	26%	16%
10	33%	11%	4%
0	0%	0%	0%

第十八課　期權的風險管理及資金控制

Long Call 較佳策略

Long太過價外的期權，除非出現大波幅，否則更容易成為廢紙。故此Long Call較佳的策略是做約兩、三個月到期貼價。但要留意以下重點：

1. *要有把握出現明確升勢，才可以Long Call。投資者最忌以買股票的心態長線持有Long Call博升，因持有股票不會每天損耗時間值，而一個90日到期等價期權卻每天會損耗5至6點時間值，即每天請對手吃豐富晚餐，消費約\$300。如果持倉較多，例如10張以上，時間值損耗按持倉的張數倍大，消費便是每天\$3,000，成本其實非常重。*

2. *一個等價期權Delta 0.5，做90日Long Call成本700多點、如果堅持五天一個回合，時間值損耗應在30點之內。從歷史數據得知恒指自2006年以來，五天升跌的一個標準差約3.6%，以恒指20000點計算大概是每五天700點的升或跌幅度。對一些有把握掌握升勢的投資者，等價期權的30點時間值，是讓賽60點，五天升少於60點，Long Call也會輸時間值。價外600點期權Delta約0.3，五天升少於90點，也會輸時間值。*

3. *最後10天等價期權損失高達33%，愈接近到期日，時間值損耗愈快。所以到接近結算日做Long不適宜過市，應速戰速決，即日或最多持一日決定輸贏。*

4. *引伸波幅上升，期權金會漲，但由於引伸波幅與恒指走勢多是相反，引伸波幅上升對Long Put最有利。*

🌐 圖表16.2　期權4式策略

	Long Call	Long Put	Short Call	Short Put
開倉時機	升勢確認	跌勢確認	升勢將盡	跌至支持位
行使價	600至800點價外	600至800點價外	1000點價外	1200點價外
期權金	付出期權金不多於350點	付出期權金不多於350點	每天賺兩點以上時間值	每天賺兩點時間值
到期月份	兩、三個月	兩、三個月	即月為主	即月為主
利率	利率上升CALL期權金會漲、但指數可能跌而引致損失	利率上升PUT期權金會跌、但指數可能跌作出補償	利率上升CALL期權金會漲、但指數可能跌而作出補償	利率上升PUT期權金會跌、但指數可能跌而引致損失
引伸波幅	引伸波幅上升CALL期權金會漲、但指數可能跌引致損失	引伸波幅上升PUT期權金會漲、對Long Put有利	引伸波幅上升CALL期權金會漲、但指數可能跌，難判斷	引伸波幅上升CALL期權金會漲、但指數可能跌引致損失
持倉時間	短線，五天一回合	短線，五天一回合	即月為主	即月為主
平倉條件	價外變等價、升勢有變、虧損多於25%	價外變等價、跌勢停止、虧損多於25%	永不要讓指數接近至400點貼價，比開倉時升了500點止蝕或搬倉	永不要讓指數接近至400點貼價，比開倉時跌了500點止蝕或搬倉

細注入市　切忌一注獨贏

Long 最大風險是輸盡所有付出的期權金，故此只能以自己「輸得起」的注碼入市。一般來說，投入的資金不應多於可動用資金30%。切忌一注獨贏，可將資金分成3%一注，恒指幾乎每星期都有500至700點波幅，即每星期都有入市機會。分十次入市。

Short最大風險是遇著快速單邊市被夾倉，做錯方向，按金會幾何級數上升，故做Short賺時間值最重要忍手，只有在極度超買時才出手開Short Call、極度超賣時才開Short Put。每月初時最多只用購買力30%Short，例如戶口有30萬元購買力，在7號之前最多只使用10萬元購買力，14號之前一半購買力，15號或之後才可按市況用盡全力出擊。任何時間，Short 倉應預留最少一張細期的按金（約三萬元）用作緊急救倉。

 ## 計算期權槓桿倍數：Lambda

期權是槓桿性投資，控制不當，虧損也放大，一定要計算清楚其槓桿倍數。Long Call 或 Long Put 投資者希望以小博大，以最小的注碼獲得最高的Lambda。Lambda是槓桿倍數，體現了期權的槓桿特性，Lambda 與 Delta 不同，計算的是標的物每變動1％而引起的期權價格變動的百分比。

相反 Short Call 或 Short Put 如果做其對手的話，在贏有限輸無限的客觀條件限制下，便成為本大利小，收取期權金少於 20 點的值博率不夠。距離結算日期太遠，例如超過兩個月的，恒指波幅可以超過 3000 點以上，做 Short Call 或 Short Put 隨時被夾倉，需要動態對沖，需要預留足夠按金起碼一倍，即港交所要求 4 萬元按金開倉，最好預留 8 萬元才開 Short 倉。

計算 Lambda 的公式如下：

期權槓桿倍數 (Lambda) ＝ Delta × 現價 ÷ 期權金

而 Delta ＝ 期權金變化 ÷ 指數變化。如指數升 100 點，CALL 升 30 點，Delta 便是 0.3。

假設現時 2 月期指 31300，Long Call 行使價 32000 點，付期權金 180 點，delta 是 0.27，期權槓桿是 0.27 × 31300 ÷ 180 ＝ 47 倍。期指即日如升 320 點（1%），32000 點的 Call 價格可升 47%，即預計 32000 Call 由 180 點升至 265 點。

期指每天升跌 1% 波幅經常出現，所以貼價 Long Call ÷ Long Put 是非常波動，期權金每天上落波幅 30 至 40% 屬於常見的現象。實在不必擔心錯過機會，因每天開市也有機會。

第十七課
不可不知的
A50 ETF 期權部署

第十七課

不可不知的
A50 ETF 期權部署

上市交易所基金（Exchange Traded Fund，ETF）是近來比較熱門的投資工具，產品的設計跟一般傳統基金類似，設有投資目標，通常追蹤某個地區（Region/Country）或某個行業板塊（Sector），但買賣卻如上市公司的股票一樣，投資者透過股票交易戶口發出買賣指示。ETF擁有自己的交易號碼，每年或每半年派發股息。

ETF的好處是資訊公開透明，基金價格即時在市場的買賣價反映出來，一些與較熱門的股市指數掛鉤的ETF，由於市場人士比較熟悉標的指數，所以會比較受歡迎。在本港，追蹤恒生指數的盈富基金（2800）在2015年3月資產淨值已經超過730億港元，另追蹤富時A50指數的安碩A50指數基金（2823）資產淨值超過330億港元、南方A50指數基金（2822）資產淨值超過220億港元。

安碩 A50 vs 南方 A50

安碩A50及南方A50指數基金，都是追蹤富時A50中國指數（「基礎指數」），應該有非常接近之投資回報，哪兩隻A50基金有何分別？

安碩A50（2823）是2004年上市，由於當時A股仍未開放，故此主要是透過在二手市場不甚活躍的衍生工具，稱為中國A股連接產品（「CAAP」），間接投資於A股市場，而安碩A50基金經理亦可使用合資格境外機構投資者（「QFII」）投資額度，以及人民幣合資格境外機構投資者（「RQFII」）投資額度，直接投資於實物A股，基金條款容許最多10%資產淨值可投資於實物A股ETF。由於安碩A50在2004年已經上市，加上管理的基金經理在國際市場有品牌效應，資產淨值較高，近期的成交每天平均約5億港元。

南方A50（2822）於2012年上市，由於有足夠的QFII/RQFII額度，故此是直接投資在實物A股，雖然資產淨值較細，但近期每天成交量平均達到7億港元，比安碩A50更多。另外南方A50同一筆資金，可用港元或人民幣兩個「櫃台」買賣，即買入以港元計價的南方A50，將來如有人民幣需要，可以使用人民幣號碼#82822沽出。

由於安碩A50使用衍生工具追蹤標的指數，很多時會出現較大的溢價或折讓，無形中增加了持貨風險。從成交量的大小評估，本港投資者逐漸轉移注碼到南方A50是比較合理的推測。

 ## A50持股成分

那A50持有甚麼股份？原來有50%以上是金融類，其餘10%為日常消費品。十大持倉中股份頭三名是中國平安、招商銀行及貴州茅台。

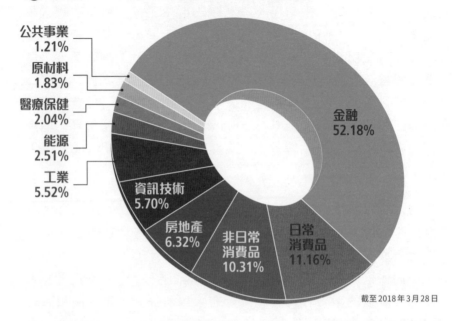

圖表 17.1 A50 行業配置及十大持倉股

公共事業
1.21%

原材料
1.83%

醫療保健
2.04%

能源
2.51%

工業
5.52%

資訊技術
5.70%

房地產
6.32%

非日常
消費品
10.31%

日常
消費品
11.16%

金融
52.18%

截至 2018 年 3 月 28 日

圖表 17.2 前十大持倉

公司名稱	比重 (%)
中國平安	11.36
招商銀行	6.37
貴州茅台	5.69
興業銀行	4.4
美的集團	3.93
萬科	3.82
格力電器	3.65
民生銀行	3.47
浦發銀行	3.14
中信証券	2.62

恒指升 A50 也升？

一般人以為 A 股好港股亦會好，港股好 A 股也不差。其實這在統計學上的意義並不明顯，南方 A50 與所追蹤的富時 A50 指數關聯度當然相當高，專業基金經理是收了管理費、交足功課盡量緊貼標的指數表現。但南方 A50 與恒生指數的關聯度其實並不算高，過往幾年平均只有約 49% 關聯度，反而近年跟國企指數有 75% 關聯度、與中國平安（2318）也有 75% 關聯度。2018年初，由於內銀股轉強，恒指與 A50 的關聯程度增強到 75%，但跟騰訊關聯程度仍然偏低。

明白了這些關係之後，持有南方 A50 見到恒指或騰訊上升，便不必太過著緊，因為他們各有支持者，未必這邊升那邊便跟。還是盯緊國企指數和中國平安比較實在。

圖表 17.3　南方 A50 與熱門指數 / 股票的關聯指數 Correlation Index

	2018(第一季)	2017	2016	2015
南方A50（2822）	100.0%	100.0%	100.0%	100.0%
恒生指數	75.40%	59.22%	64.94%	51.60%
國企指數	75.69%	59.93%	68.40%	65.50%
上海綜合指數	86.17%	66.70%	84.92%	83.00%
中國平安（2318）	75.71%	63.11%	71.43%	77.80%
騰訊（700）	59.58%	43.67%	43.42%	21.80%
港交所（388）	67.60%	41.06%	58.13%	47.90%

每年買三次 A50 的操作方法

如果分析南方 A50 過往表現，我們會發現到每年 4 月、6 月及 8 月尾是股價表現較差的月份，而且高低波幅出現的機會頗為明顯。故此，希望較長線持有南方 A50 用作建立 A 股組合，一個簡單的策略是在 4 月第一注、6 月第二注、8 月第三注買入。然後在通常的年尾、又或者 5 月下旬或近 12 月時，在周期高位有機會減持部份套利。

🌐 **圖表 17.4　南方 A50（2822）歷史走勢 4 月，6 月及 8 月表現較差**

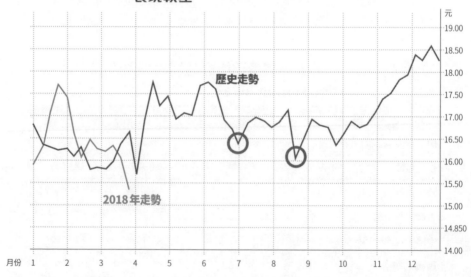

假如在6月下旬希望部署買入A50，可以怎樣使用期權策略幫忙捕捉合理的低位？

首先入市時間應在6月下旬，或明顯見到歷史在6月下旬會出現的高位之後才入市做Short Put收期權金等接貨。然後再考慮所選行使價的風險與回報才決定入市。歷史走勢顯示6月開始時，留意南方A50明顯表現較弱，2017年6月1號時最大的PUT倉位6月是$11.5、$11和$12（圖表17.5）；而7月是$11.5、$11、$12。如果兩個月相加，得到最大三個倉位分別是$11.5共4903張合約、$11共3043張合約、及$12共2315張合約。我們選擇第三大價外的行使價$11。

好了，期權莊家報出的7月$11行使價可收$0.17期權金，這是甚麼意思？由於每張合約的接貨數量是5,000，即合約剩餘時間6個星期，可收期權金$850，化作年利率約16.1%，也算相當不錯。

收取期權金總數＝合約張數 × 每張合約股數 × 期權金

10張7月$11 SHORT PUT＝10×5,000×0.17＝$8500

最後要做風險評估。假設手上約有八十萬元，是否願意做7月Short Put$11收取$8500期權金，有足夠能力7月以每單位$11接貨，共接5萬單位，所需金額$550000。開倉做Short Put，最大的現金利益是賺盡所收取的期權金，而最大風險是就算股價大跌也要以合約價買入這5萬個基金單位。

圖表 17.5　南方 A50（2822）PUT倉位

CALL | PUT Strike	JUN-17 O.I.	JUL-17 O.I.	AUG-17 O.I.	JUN-17 O.I.	JUL-17 O.I.	AUG-17 O.I.
10	3	0	0	801	25	34
10.5	0	0	0	1620	127	37
11	850	70	0	2425	618	301
11.5	3332	510	10	3150	1753	685
12	6121	505	494	2015	300	177
12.5	2505	302	644	1237	112	92
13	2232	305	319	122	21	20
13.5	3712	142	292	39	5	0
14	60	122	219	30	0	0
14.5	297	0	500	59	0	0

南方A50交易計劃（Trading Plan）

1. *預備3注資金。*
2. *4月尾或傳統股市表現較差的5月留意第一注入市的機會。*
3. *歷史走勢4月，6月及8月表現較差，當每月出現技術超賣時可買一注，決定所需要的合約張數。*
4. *在4月尾之後留意5、6月PUT未平倉合約的行使價。*
5. *計算6、7月PUT相加最大的3個價外行使價，建議選第3個最價外。*
6. *確認技術超賣時Short Put 7月建倉，收期權金等接貨。*
7. *在6月中、8月頭重複選擇行使價、等待技術超賣Short Put 8月。*
8. *進取投資者可用不多於50% Short Put得來的期權金Long Call，或當股價接近Short Put行使價直接買入現貨。*

避開期權操盤的
四個陷阱

第十八課
避開期權操盤的
四個陷阱

每一個在股市逗留了一段較長時間的投資者，都會經歷「見山是山、見水是水」，然後是「見山不是山、見水不是水」，到後來又回到了「見山便是山、見山便是水」的三個階段。

沒有人天生就懂得在股市交易，每一個人都要經歷學習的階段，在市場交學費才能畢業。「見山是山」的第一個階段，大概就是見升買升、見跌買跌，結果總是左一巴右一巴被市場教訓，非常痛苦。到了第二階段，開始有自己意見，見升不易相信甚至反手沽，見跌不懼怕可以加碼追，結果開始有輸有贏，但總是不滿意。及至第三階段，開始分別到真的升市或跌市，入市的把握，慢慢做到真真正正的見低買入、見高沽出，交易的成績才漸漸有進步。

 ## 陷阱一：只憑感覺入市

新手入市，初步掌握了一些原則性的知識，以為股市每天升升跌跌，在走勢圖清清楚楚顯示甚麼是高位、甚麼是低位，卻沒有客觀數據支持，只憑感覺入市。直覺以為只要見低就買、見

高就沽，身手夠快便能成功套利。再加上在朋輩之間或上網聽聞某些名人用幾萬元便炒出幾百萬元的贏錢故事，於是憑感覺入市，這是大部份投資者經歷的第一個階段。

低買高沽當然是對的，但「趁低吸納」有點像「母親是女人」的常識，提醒投資者不要高追，但不能具體指導投資者如何進行交易，單單用一些概括性的原則入市做交易，結果當然是輸多贏少。

例如市面上很多教投資的書籍會提及見到RSI = 30超賣可以買入，但其實效果如何？超賣入市是正確的概念，但我們需要更客觀知識去判斷獲勝的概率。

圖表18.1是恒生指數自2007年至2018年3月間恒指出現RSI少於30的統計，10年之間總共出現96次，即平均每年約9次。如果出現信號當天收市買入，一日之後沽出，獲利只是50次（52%）、平均獲利0.31%、看來也不是十分吸引的短線入市。比較出人意外的，如入市後持有20日或50日，原來獲利次數及平均獲利均提高。獲利標準差20天是正負6.98%、而50天高達18.42%。

🌐 **圖表18.1　2007年到2018年3月出現96次RSI低於30**

	1日後	20日後	50日後
獲利次數	50	63	68
獲利概率	52.1%	65.6%	70.8%
平均獲利 (%)	0.31%	1.99%	0.64%
最大升幅 (%)	14.35%	20.66%	54.47%
最大跌幅 (%)	-12.70%	-20.47%	0.30%
一個標準差 (%)	3.47%	6.98%	18.42%

經過分析之後，超賣進場的策略是可行的，但超賣進場可能持倉20天已經足夠，不一定是持貨愈久回報愈高。另外，RSI＝30也不一定是很好的超賣指標，很可能恒指是有慣性RSI超賣之後再超賣。投資者一定要經歷這一學習階段，憑歷史數據客觀地去評估何謂「趁低吸納」的好機會，而不是聽新消息、靠感覺入市。

 ## 陷阱二：沒有交易方案和記錄

新手多靠感覺入市，這可隨著入市的經驗改善。但絕大部份投資者卻沒有好好整理自己的經驗，沒備有交易方案（trading plan），又沒做交易記錄（trading　journal）。原因可能是投資

者認為市況變化很快，備有交易方案亦要常常更改，寫了也不能執行，結果由於沒有具體計劃，很容易再落入靠感覺入市，覺得股價上升便入市，市況逆轉就手忙腳亂，故投資成績時好時壞。

寫交易記錄是令投資技術進步的最簡單方法。一個簡單的記錄，列出買入原因、買入價及止蝕價（或沽出原因）即可。

目標價可以不預先設定，視乎個人對走勢的判斷能力，但我建議各位投資者入市時應預定止蝕價，這是所謂止蝕不止賺的方法。買入後股價依原先估計的趨勢推進便繼續持有，而當回調觸及預定止蝕便果斷沽出，這樣便能避免「贏粒糖、輸間廠」的情況。

最重要的守則是止蝕價決定了便不能輕易更改，培養鐵一般的意志，到價止蝕是成功投資者必需鍛煉的。沒有人天生便懂得止蝕，因為輸錢離場非常痛苦，總有幻想一日未平倉還有機會，但幻想成真在現實世界中不會經常發生。

一個交易記錄的例子如下：

5月是傳統下跌月份，4月之後策略可以逢高沽，但這樣一個「逢高沽」的概念是很難執行，容易變成依靠感覺入市。圖表18.2是一個簡單的逢高做淡，利用Short Call＋Long Put建立淡倉的交易方案的例子。

🌐 **圖表18.2　2018年3月技術走勢轉弱**
　　　　　　　草船借箭（Short Call、Long Put）交易方案

點

33,700

33484.08
C 下跌通道上方阻力

33,200

32,700

32200
重要阻力

32,200

上升通道上方阻力
B

31,700

31,200

30,700

30,200

D
下跌通道下方支持

A
上升通道下方支持

29,700

29,200

29200
重要支持

28,700

28,200

28134.93

27,700

27,200

日／月／年　23/11/2017　6/12　　19/12　　4/1/2018　　17/1　　30/1　　12/2　　27/2　　12/3　　23/3

在12月期指結算後，劃出阻力區，當技術超買建立淡倉的交易方案：

1. *利用一小時圖恒指現貨，最少600枝陰陽燭劃出目前的交易通道*
2. *連結下方最低點及次低點劃出底部支持軌，A線*
3. *再找出見底後的反彈高位，劃出與A線平行的B線*
4. *AB線成為上升交易通道*
5. *連結上方最高位及次高位劃出頂部阻力軌C線*
6. *再劃出見頂回調後的低位，劃出與C線平行的D線*
7. *CD線成為下跌交易通道*
8. *看淡後市，SHORT CALL獲取期權金，用部份LONG PUT，即「草船借箭」策略*
9. *AD交叉位（底底連線）29200為下方牛熊分界、接近29200在600至800點攻擊範圍LONG PUT，行使價28600或28400*
10. *BC交叉位（頂頂連線）32200為上方牛熊分界*
11. *在BC交叉位附近，見15分鐘超買信號時才開倉做600或800點價外Short Call。*
12. *淡倉止蝕定在恒指收市29900點、每天調整。*

投資者如將做交易方案和交易記錄成為習慣，會逐漸提高交易獲利的概率，最起碼不會「贏粒糖、輸間廠」，因每次入市已經設定了可承受的虧損金額。

陷阱三：過多分析　太少行動

當投資者習慣了分析數據，手上也有很多預期會獲利的方案，但問題來了，由於太多方案，變成花多眼亂，不能及時執行。

一個好的分析員，會盡量客觀找到高概率獲利的策略，而一個好的交易員卻要決斷地、合時地執行交易指示。但要化解這個難題不易，因分析能力強，執行能力未必強，事實上很多小投資者講股市頭頭是道，但交易成績卻總是強差人意。

筆者近年開始將進階期權課程的學員編入即時通訊群組，並由學員分工合作對數據進行分析。由於每人專注於一、兩項數據的分析，便愈做愈專，當幾個數據配合出現的信號便比較可靠，例如早前期指下跌見期指大手加倉，沽空盤仍強勁，便即時有組員提醒，其他組員的執行力也會提高。不過尋找志同道合的人組成群組，不流於閒聊更要有行動，始終不容易，所以要有適當及有經驗的人帶領群組，分配工作亦非常關鍵。

以下是期權倉位分析群組每日開市前需要分析的數據：

分工合作收集數據，客觀判斷趨勢

(1) 期指／國期　總倉及淨倉未平倉合約
(2) 攻擊範圍期權有無大手加減倉數量
(3) 所有倉位及結算後新造的期權最痛位
(4) short 即月 delta 0.1 至 0.2 價位及期權金
(5) 期指，國期 vwap, 所有張數及大手張數
(6) 期指，國期沽空
(7) 恒指 開市裂口向上、向下點數
(8) 期指國指 ATR (14)
(9) 8 成預計間距及黃金比率:一日，一週，兩週、即月，下月
(10)期指，牛熊倉位有無大手加減
(11)開市前報外圍昨日升跌　標普500、羅素2000、VIX、
　　EWH、FXI等等
(12)期權異常大手成交

陷阱四：孤注一擲 盡地一煲

當分析技術及執行力提高，漸漸投資成績有進步，便會「心雄」，容易一注獨贏。看對大勝，但看錯大敗，可能一次輸掉一年的利潤。如何分注投資，涉及個人的財務狀況、預計的資金流，以及資產配置（Asset Allocation）的考慮。

其實一注獨贏當然不好，但太過分散投資也難期望有好成績。較好的方法是首先可將資產分四大類：

高息公用股或iBond：穩定收息類、增長低於恒指但股息較有保證
有穩定派息、或與恒指同步的藍籌股：長和、中電、中移動、AIA
增長股：增長率高、較高風險的概念或題材股
衍生工具：期指期權等有槓桿的衍生工具

如果預備足夠100%資金Short Put接貨、或持貨做Covered Call，那在資產配置的角度，雖然是做期權，也可歸類於相關股票類別。如使用槓桿，期指期權屬高風險投資，配置金額應限制在投資組合的總金額30%之內。就算非常進取，也不應過度使用槓桿投資。

Long 由於會輸時間值，每次出手的注碼可限定為可動用資金之3%。由於我們知道20%時間恒指上升1%以上，20%時間恒指下跌1%以上，換言之60%時間恒指在1%上落，窄幅上落對做Long沒有好處，所以做Long的要預備一星期有三天是等

機會的，如不想花時間等，可以學做Short、或留意約五種相關係數低的做Long。例如金融、地產、科技、電訊等不同板塊的股票再加指數，便容易每天都有機會操作。

Short是賺時間值的策略，盡量做即月，只預留小部份資金做下月，效果較好。如動態對沖掌握較好，則可集中精神做季月的倉位，季月期權成交量通常較大，支持阻力比較有把握。

自製騰恒強弱比率
尋最佳入市時機

股票市場存在許多技術分析方法及測市工具，由於騰訊（0700）市值大、成交旺、而且在中國消費市場佔領導地位，2018年微信活躍用戶近10億人，在中國境內日常的吃喝玩樂及緊貼時尚資訊，已難以擺脫微信朋友圈、各商戶的官方帳號及林林總總的小程式。由於市場關注度高，大戶要用假動作欺騙散戶相對比較困難。不妨利用騰訊製造一個簡單評估恒指走勢強弱的指標，以尋找最佳入市時機。

筆者每天使用多種技術分析工具，由簡單的移動平均線、陰陽燭等等，到比較複雜的牛背馳、熊背馳、資金流等等。傳統的技術指標是以個別標的物的交易日期、開市價、高低位、收市價及成交量作量化分析，這裡介紹的另一個進路，就是利用恒指的強勢股騰訊的股價，製作相對恒指的強弱比率來發現勝算較高的入市時機。

當找到鮮明的強弱比率，便能客觀地找出當前升勢最強或跌勢最兇的股份。例如當騰訊持續強勢，參考騰恒比率對那些使用期權捕捉股價走勢的朋友會有幫助。操作股票期權特別的地方

是除了方向性買賣，例如用Long Call看升，Short Put自選行使價收期權金等接貨也好，也可以買強沽弱，向弱勢股票進行反向的Short Call 或Long Put淡倉操作。

 ## 股價除以恒指

製作騰恒強弱比率指數的方法是先收集歷史數據，用「股價除以恒生指數」，得出每天的比率，然後用日期作X軸及比率數據作Y軸來繪製圖表。

騰恒比率是一個升勢鮮明的例子，我們先找出兩者的收市數據，如29/12/2017騰訊的收市價是406元，而恒指的收市價是29919點，代入算式得出比率，即406/29919=0.01357，這樣就可以得出第一組數據，而用股價強弱比率分析的方法，必須用較長一點的時間來觀察趨勢的變化。筆者在以下的例子中就用了2017年整年的時間來繪製出騰恒強弱比率圖，大家可以看出比率在2017年向上趨勢非常明顯，騰恒強弱比率走勢圖清楚告訴我們，2017年騰訊股價出現上升的幅度比恒生指數強，2017年的情況是如果恒指升幅有1%，那騰訊的升幅應該會比恒指還要高，或如果恒指跌幅有1%，那騰訊的跌幅應該會比恒指小，有明顯的趨勢，是適合用期權操作的。因為不用擔心在反反覆覆的市況損耗太多Long Call的時間值。

比率上升：Short put 騰訊

如要簡單地捕捉騰恒比率的升勢，最簡單的期權動作就是short put騰訊控股，根據資料顯示騰訊價格在2017年時大約在189元的水平，如我們short put（看好後市做法）騰訊12月$187.5的行使價，我們可以收取$18.34期權金，即是到12月時，如騰訊價格在$187.5以上的話，我們可以收取大約當時股價的9.78%左右，回報率相當不錯。

騰訊認沽期權的期權金變化

Date	Contract	Call/Put	Strike	IV	Close
2017-01-03	2017-12	P	187.5	26	18.34
2017-01-03	2017-12	P	185	26	17.03
2017-01-03	2017-12	P	182.5	26	15.73
2017-01-03	2017-12	P	180	26	14.51
2017-01-03	2017-12	P	177.5	26	13.4
2017-01-03	2017-12	P	175	26	12.37
2017-01-03	2017-12	P	172.5	26	11.33
2017-01-03	2017-12	P	170	26	10.3
2017-01-03	2017-12	P	167.5	26	9.44
2017-01-03	2017-12	P	165	26	8.59
2017-01-03	2017-12	P	162.5	26	7.98
2017-01-03	2017-12	P	160	26	7.19
2017-01-03	2017-12	P	157.5	26	6.49
2017-01-03	2017-12	P	155	26	5.79
2017-01-03	2017-12	P	152.5	26	5.11
2017-01-03	2017-12	P	150	26	4.57

要理解騰恒比率特性其實十分容易，如果比率數據不斷向上升即是個股出現跑贏指數或升幅比指數高的機率甚高，相反，如果比率數據不斷向下，即是個股的表達有高機率出現跑輸或下跌的情況出現。

🌐 騰恒強弱比率圖——明顯向上表示強於恒指

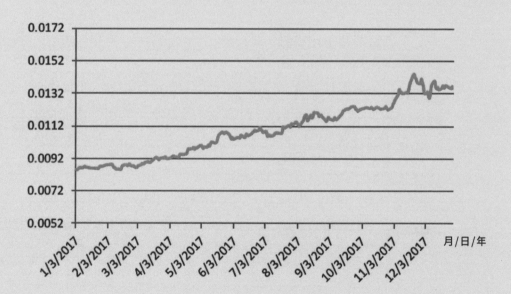

另一個例子是中移動（0941）和恒指，我們先找出兩者的收市數據，如29/12/2017中移動的收市價是79.25，恒指的收市價是29919，然後代入「股價除以恒生指數」的算式，便可以找出中移恒指強勢比率，即79.25/29919=0.00265，然後計出2017年度恒指與中移動的比率數據，大家會發現比率數據是不斷向下，意味著如果用中移動的股票來做期權的話，做好倉就像是「送錢給莊家」，而比率不斷地下跌即是2017年中移動跑輸恒生指數或中移動的升幅比恒生指數小。

中移恒指強弱比率圖

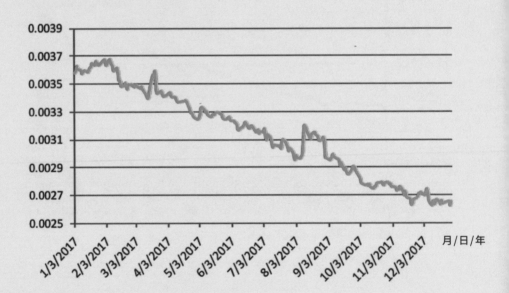

後記

這本以指數期權為主幹，深入淺出的介紹了期權開好倉或開淡倉的基本規則。由基本的期權四式Long Call看好、Long Put看淡、Short Call看升有限、Short Put看跌有限開始，再談到一些風險參數的使用方法。

我在期權講座經常提及，學了期權，懂得看期權的大倉位部署，和期權莊家開出的引伸波幅數值大小，其實已是寶貴的市場資訊，可以幫助股票投資者判斷標的物的趨勢變化，以及未來一、兩個月大約7成概率的預計間距。

學了書本上的知識，最重要還是在市場實習。最初三個月可以只做模擬交易，根據歷央數據，恒指在3個月約66個交易日中，總會有約25%即16個交易日出現升或跌2%的機會。2%的波幅已經足夠令期權金改變50%以上。一個期權操盤手的功力高低，視乎開倉的時間掌握得是否到位，以及選取合約月份、行使價的獲勝概率是否足夠。隨著市況變化，投資者在基本四式期權的基礎上有可能要加上跨價（vertical spread）或跨期（calendar spread），使整套組合的獲利勝算增加。

由於篇幅所限，本書雖然有提及股票期權及A50指數期權的操作方法，但較深入的討論要留待下一本專書。而學識玩股票期權，既可贏取期權金，亦可對沖手上持倉之股票，以及有紀律地執行止蝕，在此股市動盪時期尤其重要。

希望本書所介紹的招式能幫到大家持盈保泰。也期望有機會在期權課和公開講座見到大家，為你們解答期權操盤的疑問。

附錄

近年牛市熊市恒生指數20%幅度轉向圖

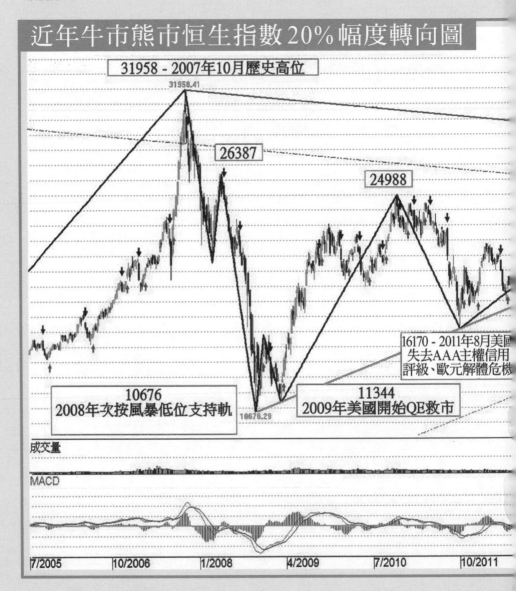

31958 - 2007年10月歷史高位

31958.41

26387

24988

16170 - 2011年8月美國失去AAA主權信用評級、歐元解體危機

10676
2008年次按風暴低位支持軌

10676.29

11344
2009年美國開始QE救市

成交量

MACD

7/2005   10/2006   1/2008   4/2009   7/2010   10/2011

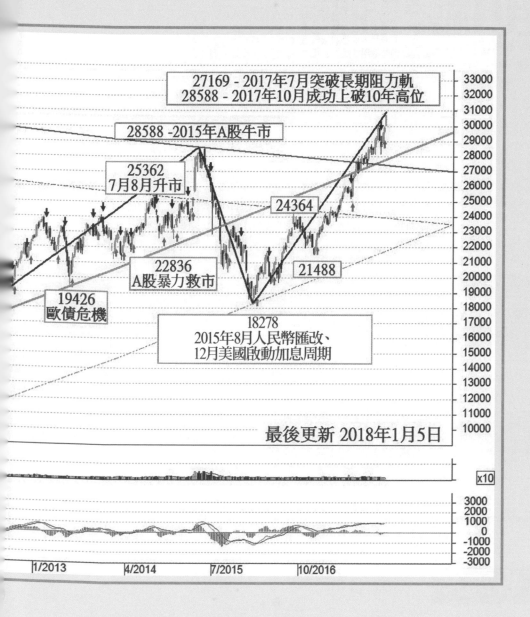

27169 - 2017年7月突破長期阻力軌
28588 - 2017年10月成功上破10年高位

28588 -2015年A股牛市

25362
7月8月升市

24364

22836
A股暴力救市

21488

19426
歐債危機

18278
2015年8月人民幣匯改、
12月美國啟動加息周期

最後更新 2018年1月5日

x10

1/2013   4/2014   7/2015   10/2016

Wealth 83

期權制勝 指數期權快速上手18課 最新增訂版

作者	金曹
出版經理	呂雪玲
責任編輯	李宛婷
書籍設計	Pun Fong、S.Chan
相片提供	azoptionhk.com、Thinkstock
出版	天窗出版社有限公司 Enrich Publishing Ltd.
發行	天窗出版社有限公司 Enrich Publishing Ltd.
	香港九龍觀塘鴻圖道78號17樓A室
電話	(852)2793 5678
傳真	(852)2793 5030
網址	www.enrichculture.com
電郵	info@enrichculture.com
出版日期	2021年4月初版
承印	嘉昱有限公司
	九龍新蒲崗大有街26-28號天虹大廈7字樓
紙品供應	興泰行洋紙有限公司
定價	港幣 $168　新台幣 $700
國際書號	978-988-8395-75-0
圖書分類	(1)工商管理　(2)投資理財

支持環保　此書紙張經無氯漂白及以北歐再生林木纖維製造，並採用環保油墨